"十四五"普通高等教育本科部委级规划教材

吉林工程技术师范学院教材建设基金资助

空乘人员形体训练

王方明　王斯晗　主编

中国纺织出版社有限公司

内 容 提 要

本书共八章,主要包括空乘人员形体训练概述、空乘人员形体训练基础理论、形体训练营养与健康、空乘人员基本仪态训练、空乘人员力量训练、空乘人员柔韧训练、异常形体姿态矫正、空乘人员有氧燃脂训练等内容。本书内容具有系统性、实用性的特点,关注学生专业能力的培养与提升,为空乘人员个人专业能力的提升以及职业素养的形成奠定扎实的基础。

本书可以作为空乘人员形体训练的培训用书,也可以作为高校空乘服务类专业师生的教学参考书。

图书在版编目(CIP)数据

空乘人员形体训练 / 王方明,王斯晗主编 . -- 北京 :中国纺织出版社有限公司,2024. 12. --("十四五"普通高等教育本科部委级规划教材). -- ISBN 978-7-5229-2401-4

Ⅰ. F560.9

中国国家版本馆 CIP 数据核字第 2024P17L43 号

责任编辑:孙成成　　责任校对:高 涵　　责任印制:王艳丽

中国纺织出版社有限公司出版发行
地址:北京市朝阳区百子湾东里A407号楼　邮政编码:100124
销售电话:010—67004422　传真:010—87155801
http://www.c-textilep.com
中国纺织出版社天猫旗舰店
官方微博 http://weibo.com/2119887771
北京通天印刷有限责任公司印刷　各地新华书店经销
2024年12月第1版第1次印刷
开本:787×1092　1/16　印张:14.5
字数:275千字　定价:69.80元

凡购本书,如有缺页、倒页、脱页,由本社图书营销中心调换

前言
PREFACE

随着全球一体化发展，科技迎来了空前的创新与进步，民航公司的规模不断扩大，机场的数量持续增加，对空乘服务从业人员的需求日益增长。在航空业蓬勃发展的今天，对空乘人员能力和专业素质的要求也升上了一个新的台阶。

本书立足于教授民航职业岗位规范与要求，结合各大航空公司对优秀空乘人员的需求，依托空乘专业人才培养方案，以空乘专业形体训练与形体教学为研究对象，采用理论阐述与具体案例分析相结合的方法，以空乘专业形体训练的基本原理为切入点，引导空乘人员学习掌握相关职业技能与理论知识；通过对空乘专业形体训练的特点、原则及方法等理论的理解，结合基本训练理论的梳理总结，着重对空乘专业形体训练的基本技能、技术技巧进行分类与分析，从空乘专业形体训练教学视角，对空乘人员形体训练进行综合解析，对空乘专业形体训练教学进行延伸与解读，以期为空乘服务质量的提升提供充分的人才保障。本书由吉林工程技术师范学院表演专业王方明与吉林通用航空职业技术学院空中乘务专业王斯晗编撰完成。其中第一章空乘人员形体训练概述、第二章空乘人员形体训练基础理论、第五章空乘人员力量训练、第七章异常形体姿态矫正、第八章空乘人员有氧燃脂训练由王方明编写。第三章形体训练营养与健康、第四章空乘人员基本仪态训练、第六章空乘人员柔韧训练由王斯晗编写。

本书介绍的内容具有系统性、实用性的特点，关注学生专业能力的培养与提升，可为空乘人员个人专业能力的提升，以及职业素养的形成奠定扎实的基础，能够帮助学生增强自身职业能力。本书配有大量图例，可以作为空乘人员形体训练的培训用书，同时也可作为高校空乘服务类专业学生的学习用书和相关专业教师教学指导用书。本书在编写过程中参考及引用了相关专业方向的文献资料，由于有些文章资料的作者信息不完整，未能在参考文献中全部体现，在此向有关作者表示感谢与致歉，同时感谢中国纺织出版社有限公司编辑老师的辛苦付出！感谢本书模特宋吉友、王季宁、贾唤歧、王铁翔、辛宗霖，以及摄影王铁翔、张园昌等同学。

编者
2024 年 6 月

目录 CONTENTS

第一章
空乘人员形体训练概述

第一节 空乘人员形体训练的概念

空乘人员形体训练是专门针对空乘人员的身体训练，旨在提高空乘从业者的身体素质和形体美。这种训练通常包括力量训练、柔韧性训练、有氧运动等多个方面，以及形体美的培养和维护。形体训练是提高空乘人员素质的职业核心能力之一，它不仅是航空服务的基础，也是服务乘客的根本保证。空乘人员通过专业的形体训练，明确形体训练在空乘服务行业的重要影响，使空乘专业的学生成为符合要求的空乘工作人员。空乘人员的形体训练体系包含全面形体训练认知、空乘专业人员形体训练，课程体系具有效率性、可使用性和合理性，可以促进空乘人员身心素质均衡发展，对于在飞行中长时间站立和行走，以及应对突发情况时保持冷静和稳定非常重要。力量训练是空乘人员形体训练的重要内容之一，通过力量训练，可以增强空乘人员的肌肉力量和爆发力，这不仅有助于提高工作效率，还能够减少因长时间工作而导致的身体疲劳和不适。柔韧性训练也是空乘人员形体训练的重要环节，通过柔韧性训练，可以提高空乘人员的关节灵活性和肌肉伸展度。

形体美的培养和维护是空乘人员形体训练的重要目标之一，作为航空公司的形象代表，空乘人员需要具备良好的外貌形象和仪态修养。通过形体训练，可以塑造优雅、自信的身姿，展现专业和亲和力，提高空乘从业者的身体素质和形体美。通过多方面的训练，空乘人员能够更好地完成工作任务，为乘客提供更好的服务体验。

一、形体的内涵

形体的本质是一种艺术。顾名思义，形体就是人们身体的形态。形体美包含多个方面，有姿态上的美，有身体线条的美，有整齐划一的美，还有身体形态的美等。形体美对人的肢体、五官等有一定的要求，只有保证四肢、躯干以及五官的协调与配合，才能呈现各种各样的形体美。著名画家达·芬奇在研究中指出，美感的形成与呈现离不开各种各样的比例。男性和女性在形体上呈现出来的美多种多样、形态各异。就女性而言，应该注重曲线美，侧重于身体的柔美与线条的勾勒；就男性而言，则强调力量的美，突出粗犷、威猛等特点。不同的人对形态美有各自的追求和期望，人们在任何时代背景下都有追求形体美的权利和意愿。就体型美而言，对人体各组成部分提出了严格的要求和标准，在注重比例协调的同时，还强调各环节的均衡。姿态是体现人们精神状态以及心理情绪的形式之一，人们应该展示形体和形态上的美感，消除体型上的不足。

形体的构成要素包括体格、体型和姿态三个方面。了解和掌握这些要素对于保持身体健康、塑造良好形象以及提高自信心都具有重要意义。首先是体格，它指的是人的身体的基础要素，包括身高、体重、头围、胸围以及腰围等。这些指标反映了人体的基本尺寸和比例，是衡量一个人身体健康状况的重要依据。其次是体型，可以理解为人的身体不同部位之间形成的比例。体型可以分为不同的类型，如苹果型、梨型、沙漏型等，每种类型的体型都有其特点和美学价值。体型不仅与遗传有关，还受到饮食、运动等因素的影响，因此通过合理的饮食和运动可以改善体型。最后是姿态，指的是人在参与各项活动时表现出来的姿势，如站立、跳跃或奔跑等。姿态是人体在空间中的位置和形态，它可以反映出一个人的自信、优雅或者力量等特点。良好的姿态不仅有助于保持身体健康，还能给人留下良好的印象。

形体美是一个综合性的概念，它涵盖三个重要的方面。首先，体格的美是指一个人身体健康、强壮。一个健康、强壮的身体是形体美的基础，它体现了个体的生命力和活力。其次，体型的美是指身体的比例和线条协调美观。一个匀称的形态能够给人带来视觉上的愉悦感，展现出优雅和魅力。最后，姿态的美是指一个人在行走、坐立、运动等动作中展现出的优雅和自信。一个优美的姿态不仅能够提升个体的气质，还能够传递出积极向上的精神状态。

要实现形体美的完美呈现，需要将这三个部分相互结合。只有当体格的健康及强壮与体型的协调美相结合时，才能真正展现出形体美的魅力。同时，姿态的优雅与自信也是形体美不可或缺的一部分。一个拥有健康体格、协调体型和优美姿态的人，无论走到哪里都能够吸引他人的目光，成为众人瞩目的焦点。

形体美不仅是外在的美感，更是内在的修养和气质的体现。通过保持良好的饮食习惯、坚持适度的运动以及培养良好的姿势习惯，训练者可以逐渐塑造出健康、美丽的身体形态。同时，注重内心的修养和情感的表达，也能够让训练者的姿态更加优雅自信。因此，形体美的追求不仅是对外在形象的关注，更注重对内在品质的提升和完善。

二、形体训练的概念

形体训练的概念源于现代社会对文明的需求，它是社会生活时尚化和个人素质追求全面化的体现。形体训练的核心理论是人体科学，通过一些特殊的技巧和手段来提高人们的形体素质，致力于优化和改善体型与姿态，培养具备专业素养的人才。现代形体训练旨在塑造形体、修炼气质、提高素养，是一种综合性的自我修养方式。目前，在课堂中所称的形体训练一般指形体美训练，主要目的在于塑造练习者自身的体态美。

形体训练作为一种综合性的自我修养方式，不仅是追求外在的美，更重要的是通过锻炼身体提升内在素质。在现代社会中，人们越来越注重个人形象和气质的培养，而形体训练正是为了满足这一需求而发展起来的。通过科学的方法和技巧，形体训练可以帮助人们塑造优美的体态和姿态，提高身体的协调性和灵活性，从而展现出自信和优雅的气质。

形体训练的核心理论是人体科学，它通过对人体的结构和功能进行深入研究，探索出一套科学的训练方法和技术。这些方法和技术包括各种姿势、动作和呼吸控制等，通过反复练习和调整，可以有效地改善体型和姿态，使身体更加健康和美观。同时，形体训练还注重培养人们的艺术修养和审美能力，通过学习舞蹈和音乐鉴赏等艺术形式，使人们在锻炼身体的同时，也能够感受到艺术的魅力和美感。

对于空乘专业学生来说，形体训练在社会竞争中扮演着至关重要的角色。良好的心理素质和强健的体魄是对空乘专业学生的基本要求，而同时具备优雅举止和端庄气质的空乘专业学生，必然会在众多空乘面试者中脱颖而出。想象一下，如果空乘人员在机舱服务过程中表现出弯腰驼背、含胸扣肩、耸肩歪颈或者走路懒散、无精打采的形象，必然会对旅客的心情产生负面影响。轻者可能影响到服务质量，重者可能影响到所属航空公司的整体形象，进而直接或间接地影响到该公司的经济效益，甚至影响到该公司的生存与发展。

因此，科学、系统的形体训练不仅是为了学生改善自身的举止和增强体魄，更是为了提高其综合竞争力方面的表现水平。通过形体训练，学生可以培养出优雅的举止和端庄的气质，从而在面试者中脱颖而出，同时也能够保持良好的心理状态和强健的体魄，以应对工作中的各种挑战和压力。

三、空乘人员形体训练的特点

空乘人员的形体训练是针对航空服务行业的特点和要求进行的。这些训练不仅有助于空乘人员的职业发展，而且有助于为乘客提供更好的航空服务体验。

（一）多样性

空乘人员形体训练受到人体解剖学等理论的深刻影响，这也直接导致形体训练具有较强的科学性和规范性。从内容和方法来讲，形体训练没有固定的形式和标准。如果训练者的年龄、性别不同，或者出于不同的训练目的，或者选择的训练方法有区别，都会导致最终的训练结果出现差异。就女性而言，更加注重身体线条的训练；对于男性来讲，则更强调力量的训练，希望能够练出强壮的肌肉。男性与女性相比，在训练强度上相对较高。

空乘人员形体训练的方式、方法各不相同，健身训练能够起到健身的效果；礼仪训练能够改善体态；减脂项目可以达到减肥的目的。从项目的层面来讲，包括局部身体部位的锻炼与训练，如针对腰腹的训练、针对上肢的训练等，还包括专注身体的协调性训练。训练活动或者依靠器械或他人的辅助，或者独立练习，还可分为快节奏的练习或慢节奏的练习。形体训练的内容和方法各种各样，可根据训练者的实际需求和个人身体情况自主选择。

（二）艺术性

空乘人员形体训练从训练层面来讲，侧重于提升艺术表现力，注重增强形体表现的感染力。空乘人员形体训练的内容包含三个方面，一是队形的保持，二是舞姿的美感，三是体型的塑造。需要明确的是，音乐对于形体训练活动的开展至关重要，乐曲的风格也会对形体训练的内容产生直观的影响。随着音乐旋律的变化，形体训练的内容和形式也发生变化。由此可见，形体训练不仅能够塑造优美的身形和体态，还有助于音乐鉴赏能力的培养与提升。也就是说，形体训练与其他训练相比具有一定的综合性，在增强身体素质的同时，还能陶冶情操，提升空乘人员的艺术表现力。

（三）实用性

空乘人员形体训练具有较强的实用性，可满足空乘行业从业需求，还具备良好的锻炼作用。从形体训练项目的层面来讲，一般包含健美操、韵律操等各种不同的训练项目和内容。这些项目的学习难度相对较低，在运动量方面可根据实际情况进行调整，努力达到锻炼身体的效果。关于形体训练的实用性，主要表现在两个方面：一方面，能够促进体态的塑造以及动作协调性的提升；另一方面，可以改善体态，培养高雅的风格和气质，为空乘人员人际关系的改善与优化创造条件。

第二节　空乘人员形体训练的目的

空乘人员的形体表现是公司的形象代表，是其职业形象的重要组成部分。空乘人员通过形体训练，可以培养和维护职业形象，提高公司的品牌形象和服务质量。良好的身体素质和形体美可以提高空乘人员的自信心和工作效率，使其更加得心应手地完成工作任务，提高服务质量和客户满意度。

一、对于空乘人员

（一）修塑体型、体态，矫正不良身体姿态

形体训练有助于人们身体各部位的良好发育与健康成长，能够刺激肌肉生长，还能增强关节的灵活性和稳固性。不仅如此，形体训练中还包含一些增强延伸性的训练，能够让关节、韧带等组织器官表现出良好的伸展性，是提高关节灵活性的有效手段和方法。形体训练须突出一定的科学性、系统性、目的性，通过一系列的形体训练降低脂肪含量，在增强体型美的同时发挥消脂减肥的作用，达到改善形体和形态的效果，使女性拥有优美的身体线条，展示美丽动人的一面。

（二）培养高雅的气质风度

形体训练作为一种全面的身体锻炼方式，对于人的形体重塑具有显著的效果。它不仅能够帮助人们塑造健康、优美的身体线条，还能够让人们在锻炼过程中产生美的心灵。随着形体训练的持续进行，人们的情感和情操也会得到陶冶，从而提升个人的气质和修养。通过一系列的动作组合和技巧训练，人们可以锻炼身体的各个部位，使肌肉更加紧实有力、关节更加灵活自

如。这样的锻炼方式不仅能够改善身体的柔韧性和协调性，还能够塑造出健美的体态，使人们在外观上更加自信、优雅。

形体训练能够陶冶人的情操。在形体训练的过程中，人们需要全身心地投入，感受每一个动作的力量和美感。这种专注和沉浸的状态，可以帮助人们暂时忘却生活中的烦恼和压力，从而达到心灵的放松，产生愉悦感。长期坚持形体训练，人们的情操会得到提升，情感变得更加细腻、丰富。在形体训练中，人们需要遵循一定的规则和礼仪，展现出良好的修养。同时，形体训练还要求人们具备一定的自律性和毅力，这些品质在日常生活中同样具有重要意义。通过形体训练，人们可以在不知不觉中培养高雅的品质和品格，使自己在社交场合更加得体、大方。

（三）增强体质，全面提高身体素质

形体美需要反复日常训练，通过各种手段和方法提高关节的灵活性以及身体的协调性。除此之外，形体训练还有助于器官功能的改善，可以加快新陈代谢的速度，提高人体的心肺功能，让训练者拥有健康的身体。关于形体训练的内容没有固定的标准和要求，往往表现出丰富多彩的特点，能够给人的身体带来各个方面的积极影响，在增强体质的同时促进人的身心健康发展。空乘人员需要具备较高的身体素质，才能更好地完成工作任务，如长时间站立、行走、提重物等。而形体训练可以提高身体的耐力、力量、柔韧性等方面的素质，使空乘人员更加适应工作需要。

二、对于航空行业

（一）符合航空公司职业形象的需要

空乘人员是航空公司对外连接的窗口，其形态和言谈是展示公司形象的主要载体，也是外界了解公司形象的主要渠道和路径。同时，形体语言被认为是增进人际沟通的核心媒介，有助于服务氛围与环境的创设与搭建。因此，作为一名优秀的空乘人员，应该做到言行大方、举止端庄，这样才能帮助航空公司树立良好的品牌形象，对公司文化的宣传与传播产生积极的影响，这也是航空公司现阶段培养人才的方向和目标。

（二）符合旅客的需要

旅客在旅行的过程中，往往追求良好的旅行体验。可将空乘人员理解为一种传递形体美概念和文化的核心载体。某些人的身体比例相对良好，天生具备一定程度的形体美，经过后天训练以后展现出言行举止与形体的美感，给人以美好的感受；某些人的先天形体条件虽然不出众，但接受科学的训练后能对身体的各个部分进行有效的控制与调节，同样可以给人带来一定的美感。还有一些人，虽然先天拥有良好的身材，但由于忽视了后天的训练，可能给人以相对负面的感受。

（三）符合空乘人员身心的需要

形体训练是一种强调肢体语言表达和改善的训练方式。在进行形体训练时，伴随着音乐的旋律，身体会做出相应的动作，这有助于提升人们身体的灵活性，实现身体各部分的协调。

此外，形体训练还有助于刺激人的右脑，是增强感性认识的有效手段之一。

在形体训练教学过程中，学生可以通过一系列训练课程改善身体各部位的协调性和稳定性，这对于提升学生的身心健康质量非常重要，可以促进身心健康发展。通过形体训练，学生可以培养良好的姿态，提高身体的协调性，增强肌肉的力量和耐力。同时，形体训练还可以帮助学生放松身心，减轻压力，提高注意力和专注力。

对于空乘人员来说，形体训练颇为重要。其需要具备良好的身体协调性和稳定性，以应对长时间的飞行和复杂的工作环境。而通过形体训练，空乘人员可以提高身体素质，增强体力和耐力，减少疲劳感。此外，形体训练还可以帮助空乘人员保持良好的形象和仪态，提升服务质量和客户满意度。

第三节　空乘人员形体训练的内容

空乘人员与其他行业的工作人员相比，在职业特点上存在明显的差别。相比之下，空乘专业更加强调突出专业特点和行业特征。

一、空乘人员的专业特征

从专业设置的层面来讲，空乘被纳入民航运输类专业的理论范畴，在技术含量上与民航运输等技术型专业相比处于劣势。从本质上来说，空乘人员也是一种特殊的应用型人才，强调实用性和针对性。作为民航企业，当然希望能够通过一系列措施和方法来增强核心竞争力，树立良好的品牌形象，提升空乘服务水平与质量，提高空乘人员整体专业能力和综合素质。

（一）空乘人员身体素质的高要求

航空服务专业具有明显的特殊性。空乘人员常年在高空飞行，受到气压和温度的影响，身体会受到一定程度的损害。作为空乘人员，应具备良好的身体素质，这样才能更好地胜任这项工作。空乘人员在高空飞行的过程中，须根据乘客的需求提供针对性的服务，这些都对其精力和体力提出了严格的要求。也就是说，空乘人员应该注重自身体能方面的锻炼和训练，只有具备较强的身体素质才能胜任这一职位和岗位。总之，航空服务专业对工作环境有着严格的要求和标准，空乘人员与普通人相比更应具备良好的身体素质。

（二）空乘人员形象的高要求

形象是人们内在和外在素质的表现形式，目前的社会就业对形象也有一定的要求，良好的形象有助于打造健康的企业品牌，促进企业文化的宣传与推广，从而实现企业的健康发展。各个领域和行业对工作人员的形象要求和标准各不相同，具体须根据行业的性质和特点来确定。就空乘行业而言，对服务人员形象方面的要求和标准比其他服务行业更高，关于这点已经在业内达成共识。作为一名合格的空乘人员，对外貌和身材有着严格的要求，需要体态良好、气质端庄，还须掌握一定的服务技能和礼仪技巧，各方面协调发展。此外，航空公司会把"美"当成人才招聘与选拔的首要考虑因素。虽然一些人并非科班出身，但由于外貌或形态出众，同样会被选拔成为空乘人员。

（三）空乘人员服务意识的高要求

空中乘务的本质和属性是服务行业，对服务人员的综合能力有着严格的要求和标准。作为一名合格的空乘人员，须要具备良好的自学能力，并在关键时刻能做好应急处理，承担一定的工作压力。不仅如此，空乘人员还应该具备一定的社交能力，掌握一些常用的组织协调技巧，严格按照规章制度开展业务。在空乘人员所有素质和能力中，最为关键的是服务意识。空乘行业是一个典型的服务行业，只有为乘客提供优质的服务，才能提高乘客对航空公司的满意度，促进公司的长远发展。

航空公司在招聘选拔空乘人员时也会关注年龄、体型、身材以及气质等，这些都是关键因素。由此可见，一名合格的空乘人员需具备一定的智慧和语言表达能力，同时还强调形态和形体的美。

二、影响空乘形体训练内容的因素

空乘形体训练是一个全面的过程，需要训练者从多个角度进行考虑，确保空乘人员能够在飞行中为乘客提供最优质的服务。在设计空乘形体训练内容时，不仅需要关注外在形象和动作规范，还需要结合专业知识和实际的服务需求等因素进行综合考虑。

就空乘专业学生而言，在尚未接受形体训练前基本没有舞蹈基础。正是因为这一点，空乘专业学生在身体协调性和柔韧度上处于劣势，更别提节奏感。从接受训练能力的角度来说，空乘专业学生大多不具备较强的接受能力，对形态训练的了解程度相对较低。因此，形体教学的内容和方法应该根据学生的实际情况来设计。

形态训练有助于学生肢体语言的开发与运用，学生在音乐旋律的带动下控制身体律动，锻炼身体协调性和稳定性。此外，形态训练还能够挖掘右脑的潜力，增加学生身体关节的灵活性，让学生对形体美产生深刻的认知与感知。同时，在日常教学训练开展的过程中，教师应该带领学生学习一些简单的韵律操，并以表演的形式给学生提供更多的练习机会，从而发挥形体训练的作用和功能，促进学生的身心健康发展。

男性和女性在生理和心理等不同层面都表现出明显的区别，每一个人的气质和特征也各不相同。就男性而言，强调的是威武强壮；就女性而言，则突出高雅大方。也就是说，教师应该结合性别之间的差异和特征来设计课程内容，确保形体训练起到良好的作用。

优秀的空乘人员须具备较强的专业能力和核心素养，注意自己的言行举止和气质。航空公司需要注重空乘人员的形体训练，利用现有的资源开设一些专业的形体训练课程，并结合职业特点和形象需求对学生进行指导。只有这样，才能促进学生的全面发展，在将来成为一名合格的空乘人员。

三、空乘人员形体训练主体内容

（一）空乘人员形体训练要点

作为一名优秀的空乘人员，需具备良好的职业素养和综合能力，为其所在国家及航空公司的形象宣传发挥积极的作用。空乘专业学生积极参与专业的形体训练，对个人的姿态和仪态进行矫正，可以帮助航空公司树立良好的品牌形象。空乘形体训练的具体内容可能会因航空公司和个人情况而有所不同，具体训练方案应根据个人情况制订。同时，空乘人员在进行形体训练时应注意安全，避免过度训练和运动损伤。

1.加强热身

遵循从上到下的基本原则，保证学生的身体能够有效活动，即每一个关节都要活动到。此外，按照教师的要求和指导进行拉伸活动。从活动顺序的层面来说，应秉承由上到下的基本原则；从运动量的层面来说，须按照由轻到重的基本原则。学生在做动作时，应该保证身体的每个部位都能进入活动状态，为后续的形体训练做好准备。

2.积极开展站立练习

从练习方式的角度来看，训练者应该注重突出身体姿态的不同搭配。在进行站立姿势的训练时，训练者必须考虑是否对学生有利，并将保护学生的身体放在首位。这意味着训练者需要确保学生的站立姿势不会对身体造成任何伤害或使其感到不适。

在训练过程中，训练者可以伴随着悠扬的音乐旋律进行肢体的伸展，以塑造优雅的形体。这样的练习不仅可以提高学生的柔韧性和身体协调性，还可以增强其自信心和表演能力。通过积极开展站立练习，训练者可以帮助学生塑造良好的身体姿态和优美的形体，为今后的专业打下坚实的基础。

3.积极开展各项能力素质培训

需要将注意力集中在学生能力素质的锻炼和提升上。这意味着训练者需要通过各种方式来提高学生的身体素质和能力，包括但不限于体育活动、户外探险、团队协作等。这些活动不仅能够帮助学生提高身体素质，还能够提高团队合作能力和解决问题的能力。需要根据学生的身体情况进行针对性培训。这是因为每位学生的身体条件不同，所以训练者需要根据实际情况制订合适的训练计划。例如，对于身体素质较弱的学生，训练者可以进行一些轻度的运动，如瑜伽、太极拳等；对于身体素质较强的学生，训练者可以进行一些高强度的运动，如跑步、游泳等。

能力素质的锻炼能够帮助学生调整身体的姿态，消除一些不好的姿势习惯。这是因为在锻炼过程中，学生会不自觉地调整自己的姿势，以适应运动的需要。这样能够在日常生活中保持正确的姿势，避免因为长时间保持不良姿势而导致身体问题的发生。能力素质的锻炼还能够帮助学生塑造完美的体态，是学生气质形成与完善的有效措施之一。这是因为在运动中，学生需要展现出自己的力量和优雅，通过锻炼，学生可以逐渐塑造出自己的体态，从而提升自己的气质。

4.进行较为科学有效的放松练习

学生参与的形体训练活动应该是科学的、合理的。在训练过程中，应该把人的身体素质和能力考虑在内，进一步提高练习效果和效率。学生身体的各个部位都需要在教师的指导下进入运动状态，保持身体放松。从训练动作的角度来讲，一般会按照由易到难的基本原则；从练习量的角度来讲，通常会遵循由少到多的基本原则；从训练负荷的角度来讲，需要秉承由重到轻的原则。如果可以做到这一点，那么学生的肌肉和关节就能呈现松弛和开放的状态，从而达到训练的目的和效果。

5.注重增强学生体质，力求提高身体素质

为了有效地进行有机训练，训练者需要采用各种不同的手段和方法。这些手段和方法的主要目标是帮助学生塑造健美的形体和身材，使身体更加健康、强壮。通过这样的训练，训练者可以使学生的关节更加灵活，提高其身体的稳定性与柔韧性。这不仅有助于学生在体育活动中表现出色，也有利于在日常生活和学习中保持良好的身体状态。形体训练还能发挥增强体质的功能和效果。通过定期的形体训练，学生的肌肉力量、心肺功能、耐力等都会得到显著提升，这对于整体素质提升有着重要的作用。无论是在学习还是在生活中，一个健康强壮的身体都是至关重要的。

形体训练是学生身心健康发展的基础和前提。健康的身体是一切活动开展的基础，而健康的心态是一切成功的关键。通过形体训练，训练者可以帮助学生养成健康的生活习惯，培养专业学生的自信心和毅力，从而为学生的未来发展打下坚实的基础。

6.空乘人员在进行形体训练时需要注意安全问题

空乘人员在进行形体训练时应选择适合自己的训练强度和方式，避免过度训练和运动损伤。在训练前进行必要的热身活动，以免受伤。在进行某些高强度训练时，应该有专业人员指导和监督。在进行某些器械的训练时，应该注意其安全使用方法，以免发生意外，还应该注意自己的身体反应，如出现不适应及时停止训练。

（二）形体训练的主要内容

形体训练的内容比较复杂，有关于形体素质的专项训练、关于身体形态的专项训练，还有关于形体的综合训练。空乘人员形体训练具体包括：形体美训练，如正确的站姿、坐姿、行走姿势、气质表现等，可以提高形体美和职业形象；空乘人员礼仪，如沟通技巧等，可以增强自信心、提高沟通能力，使其在工作中更加得心应手；力量训练，如举重、俯卧撑、仰卧起坐等，可以增强肌肉力量和耐力，提高身体的稳定性和协调性；柔韧性训练，如瑜伽、拉伸等，可以增加身体的柔韧性和灵活性，预防运动损伤；有氧运动，如跑步、游泳、跳绳等，可以提高心肺功能和耐力，增强身体的代谢能力和免疫力。

1.形体素质训练

形体素质训练一般会表现出高密度、低强度的规律和属性，训练的目的在于提高学生的形体控制力和表现力。形体素质训练包含以下几个方面。

（1）力量。关于力量的定义，可理解为人体肌肉在收缩状态下迸发的能量。影响力量的因素比较复杂，如神经中枢的反应能力、肌肉横断面的面积、组织活力、动作类型与技术等。在学生参与训练的过程中，根据肌肉活动的方式提出各自对应的力量概念，有绝对力量、速度力量、耐力力量。就绝对力量而言，主要和肌肉收缩能力有关，肌肉收缩程度越大，绝对力量越大；就速度力量而言，主要和肌肉收缩克服阻力能力的大小有关，肌肉组织收缩时克服阻力的能力越强，速度力量越大；就耐力力量而言，主要和肌肉的抗疲劳能力有关，肌肉组织的抗疲劳能力越强，耐力力量越大，主要是为了锻炼局部力量，增强腿部肌肉的运动能力和反应速度。

力量培养与锻炼的方法各种各样，可根据学生的训练目的、身体情况及训练意义来自主选择。以极限训练法为例，一般很少出现在形体训练活动中，也不适用于高负荷的运动训练；以重复训练法为例，其比较适合形体训练者，能够高效提升形体训练者的身体控制能力和表现能力；以动力训练法为例，一般在力量或速度素质提升方面比较实用，有利于弹跳力和爆发力的快速增强；以静力训练法为例，会对学生的肌肉进行刺激，使其保持一定时间的重复性紧张状态。对学生肌肉群的锻炼与培养，通常会选择静力训练法来设计形态艺术训练的课程内容，通过身体的控制及姿势的矫正来提升学生的腿部肌肉协调能力、稳定能力及灵活性。

（2）柔韧性。柔韧性在专业领域也叫作"软度"，可理解为机体各组织的活动范围，肌肉等组织系统的活动范围越大，说明人的柔韧性越好。如果人的柔韧性较好，就可以轻易做出各种各样的形体动作，呈现出优美的姿态。形体艺术的训练有较强的目的性，即增强机体的动作完成能力，按照要求和标准做出各种各样的动作，展现较强的表现力和协调性。在灵活性不好的情况下，会导致机体动作的完成难度增加，或者四肢呈现僵硬的状态。由此可见，形体训练有利于机体脊柱柔韧性的增强，可轻易完成各种优美的动作，呈现形体的美。从柔韧性的类型来说，一般包含两种形式，一种是主动柔韧性，另一种是被动柔韧性。主动柔韧性指的是练习者无须借助外力，仅仅依靠肌肉就能完成动作的能力；而被动柔韧性指的是在他人辅助下或借助器材才能完成动作的能力。形体训练应该注重被动柔韧性与主动柔韧性的有机结合，进一步提高学生关节的灵活程度和协调程度。不过，柔韧素质的提升应与放松练习相互配合，这样才能同时锻炼韧带和肌肉等各个部位的运动能力，还可以保证学生的身体健康和安全。

（3）协调性。协调性是指借助身体不同部位的配合与动作的重组顺利做出动作的能力。身体的协调性虽然很难通过训练来提升，但这也是形体训练的必要课程。协调性的训练与培养一般会借助舞蹈组合来实现，通过健美操或形体动作的不同组合来增强机体的协调性。协调性的练习动作多种多样，没有固定的形式和标准，可以是对称的动作，也可以是不对称的动作，具体可根据练习者的训练目的和需要而定。在训练机体协调性的过程中，需注重身体各部位的配合与协调，共同完成难度较大的综合性动作。协调性训练有助于激发练习者身体不同部位的潜力，基于各身体部位的相互配合来完成难度系数大的动作。总的来讲，训练过程中涉及的动作越多，难度越大，那么形体训练的效果越好。

（4）耐力。耐力可理解为在特定时间周期内维持动作完整性的能力。耐力一般包括两种类型：一是一般耐力，二是专项耐力。以一般耐力为例，统一概述为持续保持动作完整性的能力。耐力的训练会涉及不同肌肉群的运动和刺激，同时还要求其他器官系统具备较强的活动能力。如果练习者的一般耐力较强，那么就可以轻易完成各种各样难度较大的动作。以专项耐力为例，可以描述为轻易完成难度较大且维持时间较短的动作的能力。如果练习者具备较强的专项耐力，就可以完成各种各样难度系数高的动作，呈现出丰富多彩的表演技巧。

（5）灵活性。灵活性的训练是身体素质提升的主要手段之一，也会对其他素质的训练产生直接的影响，非常强调整体素质的锻炼与提升。灵活性涉及两种类型，一是一般灵活性，二是专项灵活性。一般灵活性，可描述为能够对身体动作进行有效控制与协调的能力；专项灵活性，可描述为基于项目特点来完成动作的能力。灵活性的训练与提升来源于肌肉和神经系统的素质和潜力，如果练习者能够快速领悟动作的要领和技巧，就能快速学习掌握新的动作，从而进一步提升身体灵活性。

2.身体基本形态训练

身体基本形态训练是跟随音乐伴奏开展一系列的练习活动，有无须工具的徒手练习、借助工具的把杆练习，还有与地面接触的地面练习等。身体基本形态训练主要是为了帮助练习者纠正姿势动作，塑造完美的体态，增强练习者身体的协调性和稳定性，从而培养出优雅端庄的姿态，增强练习者的身体灵活性与表现力。

3.形体综合训练

形体综合训练是基于形体动作的练习来塑造更美的形体。形体综合训练的内容和项目比较复杂，有基础的舞步训练、各种舞蹈的自由组合训练，还有难度不大的韵律操训练等。形体综合训练有利于练习者代谢能力的提升，是练习者身心健康发展的有效措施和方法之一，可增强练习者的节奏感与控制能力，培养练习者的运动兴趣，洗涤心灵，塑造美好的人格和品质，增强对美的感知能力与鉴赏能力，提高练习者的创造与创新能力，发挥练习者的想象力，塑造完美的体型和体态。

（三）空乘人员形体训练的基本要求

1.做好训练准备

任何形体训练活动的开展都应该提前做好万全的准备，对练习者的肌肉群、关节及韧带等进行一定程度的刺激，不仅能够激活身体的活力，还能够有效避免受伤。准备活动是否妥善安排，会直接影响训练的效果和成功率。通常情况下，准备活动的持续时间不能低于10分钟，也最好不要超过15分钟。在训练过程中，练习者应注重着装，穿着方便运动的服装。

2.合理进行训练安排

形体训练应该严格按照人体发展规律和环境特点开展，结合练习者的实际需求和身体条件，设计目的性较强的训练课程，并严格按照计划循序渐进，不可急功近利，应坚持不懈、脚踏实地，在潜移默化中取得良好的训练成果。

从锻炼时间和频率的层面来讲，每次锻炼的时间不能超过一个半小时，也不能低于一个小时，每周可进行两次训练，具体因人而异。在运动过程中，无论是生理还是心理都会增加一定的负荷和压力，练习者的心率应控制在70%~80%，一旦训练完成，随即做出适当的调整。在练习者参与器械练习活动的过程中，必须安排专人给予专业的指导及必要的辅助，在保证训练效果的同时，还应该确保训练安全。

练习者在训练过程中及训练结束以后的两个阶段内，都应该注意补充身体消耗的水分。此外，还应该注重日常饮食的安排与搭配，在保证营养均衡的基础上多吃一些谷物或高蛋白质食物。在练习者训练的过程中须根据个人喜好或兴趣来选择音乐，这会对最终的训练效果产生直观的影响。通常情况下，形体训练时选择的音乐旋律比较舒缓，突出高雅和柔美的特点，与形体和形态的美相得益彰，从而保证良好的训练效果。

3.全面系统的训练

全面锻炼对练习者的训练内容和项目提出了严格的要求和标准，主要包含力量的训练、反应速度的训练、耐力的训练、身体协调性的训练、身体柔韧性的训练、身体平衡性的训练等。这些训练内容和项目都被归入两大类训练科目中，一类是动力性训练，另一类是静力性练习。肌肉的训练包含大肌肉群和小肌肉群的训练部分，有负荷训练与无负荷训练的有机结合、主动性训练与被动性训练的有机结合、全面训练与局部训练的有机结合，还有无氧训练与有氧训练的有机结合。全面锻炼对练习者的呼吸与动作节奏有一定的要求，通过相互配合，保证肌肉群的平衡与匀称，针对练习者的心肺功能进行有目的性的改善，实现各部位肌肉群的均衡发展，促进练习者身体各方面综合素质的提升与增强。全面锻炼是形体训练的关键组成部分，可有效巩固训练效果，达到高质量、高水平形体训练的目的。

4.形体训练前的身体检查与评定

（1）身体形态检查。这是一种常见的医学检查方法，其目的在于对身体的发育和生长状况进行评估，并为后续的训练提供参考依据。通过常规的身体形态检测指标，包括身高、体重、肩宽、三围及腿长等身体指数，可以对个体的身体特征进行全面了解。

身高是衡量一个人身体高度的重要指标。它反映了骨骼系统的发育情况，通常以厘米为单位进行测量。身高不仅与遗传因素有关，还受到营养和环境等多种因素的影响。

体重是衡量一个人身体重量的指标，通常以千克为单位进行测量。体重的变化可以反映一个人的健康状况和体内脂肪含量。过轻或过重都可能对身体健康产生负面影响，因此保持适当的体重对于维持健康至关重要。

肩宽是指两侧肩膀之间的宽度，通常以厘米为单位进行测量。肩宽可以反映上肢骨骼和肌肉的发育情况，对于某些运动项目来说，肩宽也是一个重要的参考指标。

三围是指胸围、腰围和臀围，通常以厘米为单位进行测量。胸围可以反映胸部的发育情况，腰围可以反映腹部的脂肪堆积情况，臀围可以反映臀部的丰满程度。这些指标对于评估身体的曲线美和健康状况具有重要意义。

腿长是指从臀部到脚踝的距离，通常以厘米为单位进行测量。腿长可以反映下肢骨骼和肌肉的发育情况，对于某些运动项目来说，腿长也是一个重要的参考指标。这些指标不仅可以了解个体的身体特征，还可以为后续训练计划的制订提供重要的参考依据。

（2）身体成分检查。身体成分检查是一种通过测量人体脂肪含量和分布情况来评估个体健康状况的方法。其主要目的是全面了解人体脂肪的积累程度，并据此制订适合个人的减肥计划。在进行身体成分检查时，通常会使用专业的设备和技术来测量体重、身高、体脂率等指标。这些指标可以提供关于个体脂肪含量和分布的详细信息，帮助医生或专业人士判断一个人的肥胖程度。

通过身体成分检查，训练者可以了解人体内脂肪的分布情况，包括腹部、臀部、大腿等部位的脂肪含量。这有助于训练者更好地了解肥胖的原因和影响，并为制订个性化的减肥计划提供依据，提出包括饮食调整、增加运动量、改善生活习惯等方面的建议。通过合理的减肥计划，人们可以逐渐减少体内脂肪含量，达到健康减重的目标。

身体成分检查是一种重要的健康管理工具，可以帮助训练者全面了解体内脂肪含量和分布情况，为制订合适的减肥计划提供科学依据。通过定期进行身体成分检查，练习者可以更好地管理自己的身体健康，预防和控制肥胖等相关疾病。

（3）生理机能检查。检查生理机能的主要目的在于对身体各系统的水平和状态有一个初步的了解，为后续制订训练计划提供参考和依据，还可以评估运动后的疲劳和恢复程度。常规的评定指标为运动前后的心率、血压及肺活量等。

四、形体训练原则

（一）循序渐进

根据人体适应生存环境的规律，训练者应该采取循序渐进的方法制订合理的训练计划。这意味着训练者需要根据练习者的实际需求和能力水平，逐步增加训练的强度和难度，而不是急于求成。其需要了解练习者的身体状况和健康状况。这包括测量身体指标，如体重、身高、体脂率等，以及进行健康评估，确保练习者没有潜在的健康问题。

只有在确保身体健康的前提下，才能科学地制订训练计划。不同的人有不同的目标，增肌、减脂、提高体能等。根据目标的不同，练习者可以制订相应的训练计划，包括训练的频率、时长、运动种类等。同时，还需要考虑时间安排和个人喜好，确保训练计划的可行性和可持续性。训练时要注意逐渐增加训练的强度和难度。

（二）合理安排

每次训练时长在一个小时左右，一个星期至少训练两次。在进行形体训练之前首先要调整心理和生理状态，确保在轻松自然的状态下按照从弱到强的顺序进行训练。单次训练的时长在10~15分钟，在运动过程中人体的最大心率要维持在70%~80%，训练完成以后要迅速调整自己的生理和心理状态。

初学者应从简单的运动开始，逐渐延长运动时间和加大强度。这样可以避免过度训练和受伤的风险，同时有助于身体逐渐适应新的运动负荷。需要持续监测和调整训练计划。随着训练的进行，练习者的身体会逐渐适应新的运动负荷，因此训练者需要不断调整训练计划，以保持训练具备挑战性和进步性。这可以通过增加重量、改变运动方式、增加训练次数等来实现。

（三）重视全面

形体训练的主要目的在于确保个体的身体机能和心理素质全面协调健康发展。在全面锻炼的基础上，进行针对性的实用性形体训练，这样才能够提高形体训练的效果。要确保个人各方面素质协调与配合，如力量、耐力、速度、协调和柔韧性等，确保身体素质得到全面的发展。设置动力性与静力性相结合的训练课程，以及大小肌肉群相结合的训练课程，确保身体肌肉群均匀发展。设置负重和徒手训练课程，确保身心协调发展。进行局部与全身结合训练，既要做好全身协调发展，也要针对身体的某一部分进行强化训练。进行被动性和主动性部分相结合的训练，进行有氧与无氧运动相结合的训练，确保身体与生理机能协调发展。

（四）协调配合

在训练过程中，动作与呼吸的协调配合是非常重要的。为了调整肌肉的紧绷状态，可以通过用鼻子深呼吸来实现。通过深呼吸，训练者可以将氧气输送到肌肉中，帮助肌肉放松并恢复至运动前的状态。在进行放松肌肉和还原运动的过程中，训练者需要均匀有节奏地进行呼吸。这意味着训练者要有意识地控制呼吸的节奏，使其与动作的变化相适应。例如，当训练者进行伸展运动时，可以通过吸气来增加肌肉的弹性；进行收缩运动时，可以通过呼气来释放肌肉的力量。在训练过程中，尽量保持自然状态，不应该强迫自己完成一些不自然的动作或呼吸训练。相反，应该根据自己的感觉和舒适度来调整动作和呼吸。只有保持自然状态，练习者才能更好地发挥自己的潜力，避免受伤。

（五）合理饮食

在注重合理的营养和饮食结构方面，训练者应该认识到人体的成长和发育需要各种营养物质的支持。这些营养物质包括蛋白质、维生素、矿物质、水分和糖分等。它们通过新陈代谢的方式调节身体机能，维持身体正常运作。

在进行形体训练的过程中，训练者务必重视营养的均衡摄入。这意味着训练者需要制定科学、完善的营养和饮食规划，以确保训练者的身体得到所需的各种营养物质。首先，训练者要摄入足够的蛋白质，因为蛋白质是构成肌肉的重要成分，对形体训练的效果至关重要。其次，维生素和矿物质也是不可忽视的，它们在身体的代谢中起到重要的作用。充足的水分摄入有助于保持身体的水平衡，促进新陈代谢正常进行。适量的糖分摄入可以提供能量，帮助练习者在训练中保持良好的体力和耐力。

第四节　空乘人员形体训练的现实意义

空乘人员既是航空公司企业文化宣传与推广的窗口，也是乘客了解民航业品牌形象的渠道和路径，更是塑造我国民航系统形象的关键所在。

一、促进航空行业发展

（一）为民航系统培养综合发展的高素质人才

优秀的空乘人员有助于航空公司企业文化的传播与推广，是促进航空公司健康发展的基础和前提。近年来，我国民航事业快速发展，行业结构不断整合，实现了全方位升级与变革。对航空公司而言，品牌形象与信誉都非常重要，应该注重人才综合素质和专业能力的培养与提升，为实现长期可持续发展奠定基础。作为空乘专业的学生，应该通过系统的形体训练来呈现良好的民航形象，为行业的健康发展及知名度的提升带来积极的影响。

（二）提高航空公司竞争力，满足航空公司职业形象的需要

空乘人员应注重自身人文素养的培养与形成，同时在行为举止和优雅气质方面保持较高的水平。究其原因，主要是空乘人员的一言一行都展示了航空公司的外在形象和内在文化，是公司与外界联系的平台和载体。如果空乘人员在各个方面都表现出色，就说明航空公司拥有较高的管理水平，在人才素养方面具备一定的竞争优势，同时在业内有着不错的信誉。空乘人员的选拔与招聘有着严格的要求和标准，通过选拔以后还要接受专业的培训和训练，无论是职业技能的掌握还是体态的改善都在行业内处于领先水平，对服务质量的提升具有积极的意义和价值。因此，航空公司应对空乘人员的各个方面提出严格的标准和要求，如在气质方面表现出众，在言行举止上端庄大方，在形体方面出类拔萃。空乘人员的形体训练应包含体态活动的开展，向乘客展示良好的职业形象，通过训练来增强专业能力和提高综合素养，为乘客提供优质的服务，为航空公司企业形象的塑造与传播提供有利条件，提高乘客对航空公司的满意度和认可度，为航空公司的长远稳定发展奠定基础。

（三）更好地满足航空乘客的需要

乘客之所以选择航空公司，除了考虑飞行体验及硬件设施外，还非常关注软件方面的服务体验。空乘人员应该明确自身的职能和责任，为乘客带来良好的服务体验感，满足乘客对飞行体验的美的需求。空乘人员应为乘客提供高质量的服务，从而提高乘客对航空公司的满意度。一名合格的空乘人员需要掌握丰富的服务知识和技能，根据乘客的服务需求为其提供高质量的服务体验，为航空公司的企业形象塑造与宣传起到积极的作用。形体训练让每一位空乘专业的学生大多能够做到端庄大方，展示中国民航的风采和气度。虽然身材条件存在显著差异，但空乘专业学生大多能够利用后天训练改善体态，优化形体特征，有效降低脂肪率，勾勒出美好的身体线条，锻炼肌肉的力量，真正做到形象好、气质佳。

二、提升空乘人员专业素质

形体训练有助于促进空乘专业学生的整体发展，为今后的职业规划与发展奠定基础，创造必要的有利条件。

（一）塑造空乘人员形体，矫正不良姿态

空乘专业学生正处于青春发育阶段，虽然身高已经基本定型，但体重和骨盆等条件还有改善和优化的余地。此外，由于心血管和运动器官等组织部分的发育速度相对缓慢，为形体训练的开展创造了有利的条件，这与空乘专业学生的生理特点非常契合。空乘专业学生关注美的塑造和保持，对美的形体提出严格的要求和标准。形体美包含多个方面，如肌肉的健康美及发达美，还有身体的协调美和灵活美等。形体训练能够改善人们的形体特点和结构，基

于科学的理论指导和实际训练，改变原来的骨形，对女性身体柔韧性与协调性的提升具有积极影响。不仅如此，形体训练还有助于增强女性身体的灵活性和稳定性，是塑造完美形体的主要方法。结合调查结果进行分析可知，女性能够通过形态训练增强身体的协调性和稳定性，从而在言行举止上得到充分的体现，有助于女性气质的塑造和培养。作为空乘人员，应通过形体训练提升自身的综合素质和专业能力，进而提高航空飞行服务质量。在日常训练中注重形体训练，并将其作为改善形态和气质的有效方法，不仅可为自身职业素养的培养与提升创造有利的条件，而且对航空公司的长远发展具有重要的影响。

（二）培养空乘人员优雅的气质和风度

关于形体训练的方法，一般会根据训练的目的来选择。有针对性的训练能够改善空乘人员的形体美，使其展现出端庄大方的仪表，在言行举止上表现出色。形体训练还有助于空乘人员精神和气质的塑造与改善，实现艺术美与形体美的深度融合。不同的人在性格方面有着不同的特点，气质和风度都是可以通过后天训练来养成的核心修养。形体训练能够让学生了解自身的性格、气质及气度的特点和优势，从而掌握用身体表达情绪的方法和技巧，给人以美的感受。部分学生对自己的外形没有信心，觉得优雅的气质和风度似乎与自己没有任何关联，这种想法是非常片面的。即便有些人相貌出众，但是不重视身形体态，言行举止过于随意，或者脾气不好，都会影响最终呈现出来的气质和风度。相反，即便有些人的相貌并不出众，但也能通过体态的训练与塑造给人带来不一样的感受。也就是说，无论是气质还是风度都能够通过后天训练的方式进行改善与优化，这一方式就是形体训练。综上所述，形体训练能够让学生塑造良好的气质和风度，对人的精神和思想升华具有积极的影响，可陶冶人的情操，净化人的心灵，是提升人的综合素养和品质的有效方法之一。形体训练有助于空乘人员社交能力和社交信心的改善与增强，为良好的人际关系形成创造有利的条件和环境。

（三）增强体质，全面提高身体素质

空乘专业学生应通过锻炼来拥有健康的身体，因为身体是开展一切工作的前提条件。空乘人员的工作强度及工作时间要比其他行业的服务人员更大、更长。空乘人员在日常工作过程中，需要按照旅客的实际需求搬运大量的食物，并负责飞机舱门的反复开关。在遇到突发情况时，还要对乘客进行额外的照顾。这些都是需要劳动强度支撑的工作，对空乘人员的身体素质和心理素质都有严格的要求，如果不具备这一能力，可能就无法胜任这一工作。此外，空乘人员有为乘客提供餐食的责任和义务，这对空乘人员的精神和注意力集中提出了较高的要求，只有长期保持良好的身体状态和精神状态，才能在最短的时间内解决乘客遇到的各种问题，从而为乘客提供高质量的服务。从工作时间长的层面来讲，主要是因为航空公司一直以来都秉承"多飞多得"的工作原则，部分空乘人员出现长时间连续工作的情况。形体训练的目的在于通过训练提高空乘人员的身体素质，如肌肉的力量、反应的速度、个人的耐力和承受力，还包括身体的协调性与稳定性等。随着训练的深入持续，空乘人员的身体机能得到显著的提升，新陈代谢情况得到有效的改善，心肺功能有明显的增强，为其身心全面发展带来积极的影响。形体训练有助于空乘人员的综合素质进一步提升，能够改善空乘专业学生的身体素质和体态，展现青春和健康的活力，为工作任务的圆满完成奠定基础。形体训练是一项长久的任务和工作，并非短时间内能够完成。在训练时，对空乘人员的身体素质和心理素质提出了严格的要求，只有具备较强的意志力和耐力才能接受专业的形体训练，这对其而言无疑是一项难度较大的挑战和考验。

（四）满足空乘人员身心的需要

空乘人员在工作中会遇到不同的突发情况以及不同的服务要求，给自身的身心健康带来一定的影响。一名优秀的空乘人员应具备处变不惊的能力和资质，即便身处不同的工作环境也能保持良好的状态。音乐对形体训练的效果至关重要，可对人的右脑产生刺激，从而生成不同的感性认识。形体训练有助于人的身心素质的显著提升，是减轻工作压力、缓解疲劳的有效方法和措施之一。职业心理疲劳形成于长期的工作过程，长此以往，会给人的心理带来负面影响，甚至造成不可预估的危害。形体训练有助于空乘人员心理素质的改善，确保空乘人员身心得到健康发展，能够帮助空乘人员释放工作压力，缓解疲劳，促进身心全面发展。

（五）提高空乘专业人才竞争力与综合素质

一方面，形体训练能够积极影响学生心理素质的改善与提升。空乘人员在工作中时常会面临一些突发事件，对其心理素质提出严格的要求，只有具备较强的心理素质才能有效处理问题。形体训练强调通过团队合作培养团结协作的意识和能力，增进同事之间的人际关系。另一方面，形体训练有助于空乘人员坚定个人信心，在工作中遇到问题时从容应对、临危不乱，给出最优的解决方案。

（六）磨炼坚强的意志，培养吃苦耐劳的品质

空乘人员在工作过程中会遇到各种各样的挑战，对个人的意志力和耐力有一定的要求和标准。空乘专业学生接触形体专业训练的情况不多，对于一些高难度的训练动作，可能需要较长的时间来适应。在训练初期，学生会感觉难以接受，甚至产生放弃的念头。形体训练对学生的意志和信念提出了一定的要求，在感到疲惫或疼痛时只有坚定意志才能坚持下去，进而在获得训练成功以后感受愉悦和满足。形体训练对学生的耐心和细心有一定的要求，只有具备较强的耐心和细心才能为旅客提供专业的服务，让旅客产生强烈的安全感。

（七）磨炼学生良好的职业意志，培养团队合作的精神品质

合作与分工是推动社会发展的关键一环，行业的进步与发展都对团队合作有着严格的要求。合作与分工是提高空乘服务质量的必要条件，只有大家团结协作、分工明确才能高效率、高质量地实现服务目标和完成服务任务。形体训练课的开设通常会以分组竞赛为教学方法和方式，引导学生培养高度的集体荣誉感，并确保个人荣誉与集体荣誉高度一致。舞蹈形体训练有助于学生团队意识的形成以及协作能力的提升，为学生今后的职业发展与个人发展奠定扎实的基础。

三、空乘人员形体训练的社会意义

（一）提升空乘专业形体教学的社会实用价值

应试教育是我国教育事业的基本特征，一定程度上阻碍了教育培养目标的达成，这一现象

在空乘专业领域同样存在。空乘专业一直以来都特别强调技能的学习与掌握，是其他教学工作开展的基础和前提。形体训练是空乘专业的核心教学内容之一，是实现人才培养目标的主要渠道和途径。就空乘专业而言，应试教育思想对该专业的教育教学产生了直观的影响。空乘专业应注重学生的形体训练，根据教学目标和任务来体现形体教学的价值和作用，促进学生的身心健康发展，推动航空服务事业的发展。

（二）改进形体训练传统价值取向的不足

形体教学的核心在于体态的训练与改善，这一价值取向在现阶段的社会发展背景下并不适用，亟须改变。作为教师，应根据形体训练的价值取向提出新的教学思想，突出教学的实用性，为学生今后的职业发展打好基础。

（三）变革独立发展的模式

空乘专业的发展具有一定的独立性，这一特点在当前社会背景下不太适应，亟须变革。空乘人员在注重自身形象塑造的同时，还需关注内在修养的形成与发展。可参考其他科目的教学经验，实现跨学科互动与发展，进一步提升学生的综合能力和核心素养。

（四）符合我国"以人为本"的教育理念

学生综合素质的形成与发展并非一朝一夕能够完成的任务，需要长期实践的积累，脚踏实地、循序渐进，不能急于求成、急功近利。教师应引导学生培养自主学习意识和自主学习能力，在训练中体现主观能动性，自发参与训练和学习活动。在训练与学习的过程中，须体现学生的主体地位，遵循"以人为本"的教育思想和观念，开展一系列的形体训练教学活动。

（五）优化空乘人员形体训练课程教学环节设计

在设置空乘人员形体训练课程的内容时，应按照由慢到快、由简到繁、由易到难、由基本动作到组合动作的循序渐进的原则，系统地培养学生，帮助学生塑造和谐健美的形体，增强学生肢体语言的表达能力，树立普及与提高相结合的教学理念，开展空乘人员形体训练课程教学活动。空乘人员形体训练课程应激发空乘专业学生的学习兴趣，培养学生的创造力，促进学生活动能力有效提高，引导学生在学习过程中获得良好的艺术审美体验，丰富学生的校园生活，为学生后期的就业打下坚实的基础。

第二章
空乘人员形体训练基础理论

形体训练的整体过程可描述为发现美、学习美、创造美的过程，同时起到强身健体的作用。形体训练强调的是动态美的发现与创造，是一种与美学相关的行为艺术。形体训练教学需要强调各个方面的教学效果，帮助学生塑造美的形态和形体，增强学生对美的创造能力和表现能力，这才是开设这一课程的目的和意义。形体美的塑造与保持并非一蹴而就，也不是一朝一夕就能完成的任务。形体训练在不同年级、不同学生群体中始终存在，应在其参与形体训练的过程中不断提高标准和要求，以期达到训练的目的。

第一节　空乘人员的形体美标准

一、形体美的评价

（一）体型美

体型美主要涵盖以下多个要素：一是均衡的美、二是对称的美、三是对比的美、四是曲线的美。

1.均衡

均衡是指身体各部分之间的比例协调，没有明显的局部肥胖或瘦弱。体型均衡不仅是外观上的美观，更重要的是与健康和长寿相联系。均衡还有协调的意思，指的是人体不同部位长宽、高低或大小的比例协调。

2.对称

人体的对称，一般是指左右方向上的对称。脊柱在人体对称上发挥重要作用，如果人体的脊柱有所偏斜，则原有的对称结构会被破坏。同时，人的肩部、髋部与膝盖等也能起到一定的对称作用，与地面和垂直方向保持对称。如果人们长期参与固定的工作，四肢的对称就会受到影响，从而导致整个身体的对称关系被破坏，甚至对人的内脏器官功能造成不良影响。

3.对比

对比存在于两种事物之间，通过各自特点和特征的表现形成显著的对比关系，从而追求事物的完美。从形体对比的层面来讲，包含多个方面的对比关系，如长短的对比、大小的对比、伸展与收缩的对比、快与慢的对比以及粗与细的对比等。对比能够通过反差来呈现事物各自的特点和风格，是一种表现美的常见方式。

形体对比中存在的强烈的美感如下。

（1）不同性别的体型存在一定的对比关系。男性强调威猛、强壮，女性注重柔和、含蓄。

（2）人身体的对比表现在多个方面。人的躯干和四肢存在对比关系，躯干呈现稳固的美，而四肢表达灵活的美；关节和肌肉存在对比关系，肌肉粗代表肌肉群发育成熟，关节细代表关节灵活。

（3）上、下肢之间存在的对比关系。上肢负责各种动作的完成，下肢负责身体的支撑。功能是影响对比关系差异的主要因素，下肢的功能在于支撑躯干，因此强调粗线条和稳固性；上肢的功能在于完成复杂的动作，因此强调细线条和灵活性。

4.曲线

人体有着优美多变的曲线，曲线有着生动起伏的节奏和韵律，如抬头挺胸、挺直腰杆、收腹、臀部浑圆、腿部修长等。

男子和女子的身体曲线有着明显的差异，所要表现的美也各不相同。女子的身体曲线强调连贯起伏、流畅婉转；而男子的身体曲线突出棱角分明、刚劲奔放。也就是说，男子的身体曲线讲究的是粗犷美，而女子的身体曲线讲究柔和美。

（二）体态美

人的形体的美包含动态美和静态美两个方面，有站立时的美，有行走过程中的美，还有坐卧情景下的美。体态美对人的行为举止有严格的要求和标准，站立时坚韧挺拔，坐下时端庄大方，行走时昂首挺胸。例如，站如松，是说人在站立时应像松树一样挺拔；行如风，是说人在行走时应像风一样潇洒；坐如钟，是说人在坐下时应像钟一样稳定、牢固。人和塑像是不同的，需要根据空间的布局和规划来调整自己的姿态和体态，塑造美的造型。

体态美的评价标准如下。

1.站

优美的站姿是确保从头部到躯干再到脚部都保持在一条垂直线上，要抬头、挺胸、收腹、双臂自然下垂，保持优美、挺拔的姿态。在站立的时候要保持良好的精神面貌，面带微笑，将人体的曲线美更好地展示出来。

2.行

在行走过程中，身体保持正直、平稳，不显得那么僵硬和呆板。双臂自然下垂，随着步态协调变动。膝盖朝正前方，脚尖向外侧微微倾斜，在行走过程中要确保两脚后跟在同一条水平直线上，双脚行走交替的弯曲度尽量要小，这样显得步态和体态均匀。正确的行走姿势不仅有助于身体健康，还能增强自信，使人看起来更加精神、有活力。

3.坐

与行走和站立一样，想要保持优美的坐姿，需要保持抬头、挺胸和收腹。四肢摆放端正，幅度不能太大。保持健美的坐姿，有利于健美体态和保护视力，尽量少坐沙发，多坐硬椅子，这样有利于养成正确的坐姿。

4.卧

正确的卧姿可让人快速进入平静状态，有利于缓解心血管和呼吸系统的工作压力，能够更快地缓解人体的疲劳感。但人在睡眠的过程中是无法长期保持一个睡姿的。为了缓解心脏受到的挤压，通常会向右侧卧。为了防止长时间侧卧造成局部麻痹或痉挛，最佳的方式是仰卧，但不能将手放在胸口，否则会压迫心脏，很容易失眠或多梦。此外，在睡觉前，晚饭要适量，不要喝浓茶，最好用热水泡脚，这样有助于快速进入睡眠状态。

（三）行为美

行为美和体态美既相互关联，又相互独立。训练者应根据一个人的行为来评价他的心灵美，不能只把外貌当成评价美的唯一依据。行为美对人的行为提出了诸多要求和标准，如遵纪守法、乐于助人、言行一致、自信勇敢、同情弱小、一身正气、热情积极、谦虚谨慎等。人的行为只有能表现出"善"时，才能被界定为美。

（四）其他影响形体美的因素

1.皮肤

训练者应该注意面部皮肤的护理与清洁，根据皮肤的类型使用有针对性的护肤用品。皮肤通常有如下四种类型。

（1）油性皮肤。这部分人群的脂腺分泌比较活跃，毛孔较一般人更大，易出现粉刺等皮肤问题，可选择一些非油脂性的护肤品对皮肤进行护理。

（2）中性皮肤。这部分人群的皮肤肌理相对比较细腻，且有一定的弹性，应注意多补充水分和油脂，可选择牛奶护肤霜等对皮肤进行护理。

（3）干性皮肤。这部分人群的汗腺比较细，分泌的油脂很少，皮肤的适应性相对较低，可选择优质护肤品对皮肤进行护理。

（4）混合性皮肤。这部分人群的面部皮肤和其他部位的皮肤各有不同。可根据实际情况选择有针对性的护肤用品，经常性对皮肤进行清洁护理。

2.服饰

多数人的形体不是十分完美的，可通过着装进行修饰。

如果体型偏胖，可选择一些宽松的衣服，搭配单一的色彩。如果女性的臀部过大或胯骨较宽，可选择一些较长的上衣。

如果身材比较瘦弱，那么最好选择一些颜色鲜艳的服饰，搭配好看的花纹或图案，突出端庄大方的特点和风格。在材质上，最好选择一些质地轻薄的衣服，并搭配浅色的上衣或裙子，给人以美好的视觉感受。

服饰的搭配讲究的是扬长避短，通过色彩的搭配、图案的选择及饰物的穿戴等进行精心的修饰，能够呈现出令人惊喜的效果。

3.发型

发型的设计原则可参考服饰搭配，具体还要根据不同人的特点和风格进行自主设计，通过一系列的外部手段和手法呈现独特的形体美。

4.营养

好的形体并非与生俱来，大多是后天训练的结果。如果缺乏营养，就会抑制身体的发育和成长，同时也无法抵消身体的基本能量消耗，更别提塑造形体美。

5.心理素质

表现力和控制力是影响形体美的关键因素，只有具备良好的心理素质才能树立自信，勇于向他人展示形体美。良好的心理素质来源于日常的训练和学习，作为形体训练者，应该积极参加心理训练活动，从而呈现出最好的效果。

二、空乘人员形体美测评

（一）颈

形状：修长且线条清晰。

比例：颈长应当是面部长度的一半。粗细和长度与肩、上臂比例适中，需要通过实际测量颈部的长度，并与肩宽及上臂长进行对比，确保比例协调。

（二）肩

形状：要求肩部平直、对称，无溜肩的现象。锁骨清晰可见，对女性空乘人员来说，圆润的肩膀可以突出其秀美的曲线。

比例：肩部宽度应大于胸部宽度。

（三）臂

1.上臂

形状：上臂应平滑、紧致，当肌肉收紧时，能够看到清晰的肱二头肌轮廓，显示出良好的肌肉线条。

比例：上臂的大小应与全身比例相称，粗细适中，与上身其他部位相比时应显得协调。

2.前臂

形状：前臂应平滑、圆润，内外有弧线，展现出健康和力量的美感。

比例：前臂与上臂的比例应协调，前臂相比上臂不应显得过细或过粗（图2-1）。

（四）胸

形状：胸部应该呈现出自然的弧线，既不过平，也不过分突出。对女性空乘人员来说，胸部应有一定的丰满度，以符合传统审美中的曲线美。男性空乘人员则要求胸

图2-1

大肌轮廓分明，展现出力量感。

比例：胸部应与肩部和腰围的比例协调，遵循一定的美学标准。通常希望看到胸部宽度小于肩部宽度，以形成倒三角形的体型，这适用于男性空乘人员。女性空乘人员的胸部大小也应与整体身材的比例相协调为宜（图2-2）。

图2-2

（五）背

形状：背部应该平直，展现出良好的姿态。肩胛骨应略微显现，但不可过于突出，以保持平滑的外观。对女性来说，背部应呈现出柔和的曲线，以符合传统的女性美感。对男性来说，要求背部肌肉线条清晰，以体现出力量感。

比例：背部的比例应与身体其他部位协调一致，形成和谐的整体形象（图2-3）。

（六）腰

形状：腰部应该呈现出自然的曲线，对女性空乘人员来说，希望有一个柔和的腰线，而对男性空乘人员则要求线条更为平直有力。

比例：腰围与胸围、臀围的比例协调，通常腰围小于胸围和臀围，形成沙漏形的身材较为符合传统的美学标准。

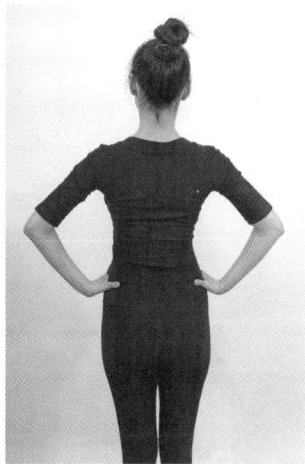

图2-3

（七）臀

形状：臀部应该呈现出自然的圆润感，对女性空乘人员来说，通常希望有适度的丰满度，而对男性空乘人员则要求线条更为坚实有力。

比例：腰围、臀围和大腿的比例协调。

（八）腿

1.大腿

形状：大腿应该呈现出平滑、紧致的外观，肌肉线条清晰而不过于突出。女性腿部线条应修长而紧致，而男性则以大腿肌肉更为坚实有力为宜。

比例：大腿的长度和周长应与身高和整体体型比例均衡，符合人体美学标准。大腿与小腿的比例协调，没有明显的不均衡或过粗过细的问题。

2.小腿

形状：小腿应该呈现出直线或轻微的弧线，显示出均衡的肌肉发展和柔和的轮廓。女性空乘人员需要腿部线条修长而紧致，而男性空乘人员需要腿部肌肉线条清晰有力。

比例：腿长应与身高成正比，这样符合人体美学标准。大腿、小腿和脚踝之间的比例协调，没有明显的不均衡或过粗过细的问题。

（九）膝

形状：膝应该呈现出平滑、紧致的外观，没有异常突出或肿胀。膝关节的形状应与整个腿部线条协调，不应显得过于尖锐或平坦。

比例：膝与大腿、小腿过渡平滑，无明显外侧凸出感。

（十）足

形状：足部应该呈现出自然的弧度，女性空乘人员通常希望足部线条修长而优雅，而男性空乘人员则要求足部线条坚实有力。

比例：脚掌和脚踝的比例协调，大小适中，形态美观（图2-4）。

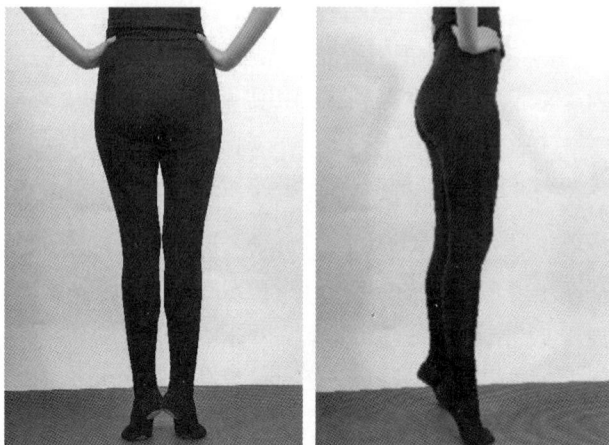

图2-4

三、空乘人员形体美的标准

（一）身高

一般要求女性空乘人员身高在1.58米以上，男性空乘人员身高在1.68米以上。

（二）体重

要求身材匀称，体重与身高相称，不超过标准体重的10%。

（三）整体比例

身高与体重的比例协调，符合人体比例标准。各部位如肩、胸、腰、臀、腿之间的比例协调，形成和谐的整体形象。

（四）体型

体型匀称，不过于瘦弱或肥胖。女性空乘人员通常希望有适度的丰满度，而男性空乘人员则要求体型健壮、挺拔。

（五）面部

要求五官端正，面部轮廓清晰，皮肤细腻、白皙。表情自然，眼睛明亮有神，鼻子挺直，嘴唇红润。

（六）发型

要求发型整洁，发色自然、不夸张，符合航空公司规定的发型标准和职业形象要求。

（七）姿态

站立时身体保持直立，不倾斜或弯曲，行走时步伐均匀有力，显示出自信和专业性。

（八）着装

要求穿着整洁，符合航空公司规定的制服标准。

不同航空公司对空乘人员形体美的标准可能会有所不同，具体要求可以参考航空公司的招聘信息或相关规定。形体美只是空乘人员应具备的基本条件之一，更重要的是要具备良好的服务态度和专业技能（图2-5）。

图2-5

第二节　体型分类与人体比例

一、体型分类

体型的分类通常基于人体的脂肪含量、肌肉发达程度和身体质量指数（BMI）等因素。在医学和健身领域，通常会将体型分为胖型、肌型和瘦型三类。

（一）胖型

胖型体型的人往往容易在腹部、臀部和大腿积累脂肪，即使饮食健康且锻炼规律，也可能难以降低体脂率。胖型体型的人的基础代谢率通常较低，需要更少的卡路里来维持体重。

（二）肌型

肌型体型的人通常拥有易增长肌肉的体质。身体结构较为坚实，肌肉线条清晰，容易通过锻炼增加肌肉量。这类体型的人往往拥有较高的新陈代谢率和较强的肌肉发展能力。

（三）瘦型

瘦型体型的人往往较难增加体重和肌肉量。他们通常拥有较细长的四肢，身体脂肪较少，肌肉特征不明显。

女性和男性在体型分类上大体相似，但女性有其特有的身体比例和线条，强调匀称和曲线美。女性的骨盆通常比男性宽，导致女性躯干呈正三角形。女性体脂率通常比男性高，肌肉发达程度和肌力比同年龄段男性低。了解这些体型特征有助于空乘人员或任何关注形象管理的个体更好地理解身体构成，并制订相应的饮食和锻炼计划来塑造理想的体型。对空乘人员而言，维持健康、均衡的体型是职业要求之一，不仅关系到形象展示，而且与工作表现和身体健康紧密相关（图2-6）。

二、符合形体美标准的测量方法

形体美是每一位空乘人员追求的目标，为了达到这一目标，需要了解符合形体美标准的测量方法。这些方法可以帮助空乘人员更好地了解自己的身体状况，从而制订合适的锻炼和饮食计划，以达到理想的形体美。

图2-6

（一）身高、体重

通过测量身高和体重，以计算出身体质量指数（BMI），从而了解体重是否处于正常范围。一般来说，成年人身体质量指数（BMI）的范围是18.5～23.9kg/m² 被认为是健康的。

（二）胸围

测量胸围时，身体直立，将皮尺前面放在乳凸点上缘，皮尺后面置于肩胛骨下角处。先测安静时的胸围，再测深吸气时的胸围，最后测深呼气时的胸围。呼吸差可反映呼吸器官的功能。测量时不要耸肩，呼气时不要弯腰（图2-7）。

（三）腰围

测量腰围时，身体直立，保持呼吸平稳，不要收腹，将皮尺水平放在髋骨上端、肋骨下端最窄、最细的部位进行测量（图2-8）。

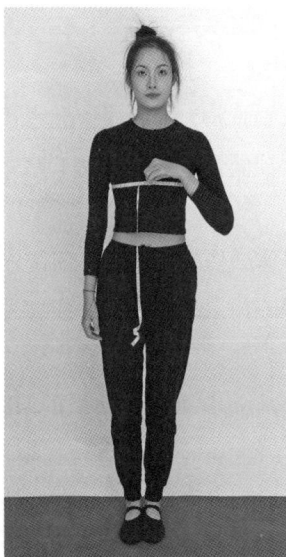

图2-7

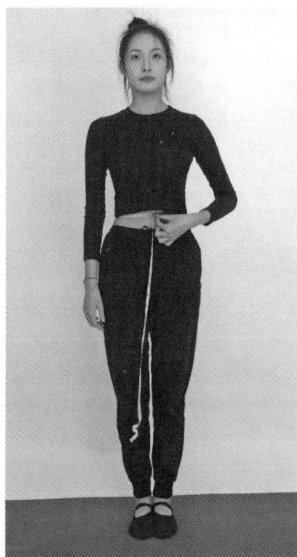

图2-8

（四）臀围

测量臀围，两腿并拢直立，皮尺水平环绕臀部的最宽处（图2-9）。

（五）上臂围

手臂与手腕是比较纤细的部分，上臂围是肘至肩部最粗的部位（图2-10），可将皮尺围量上臂一圈。

（六）颈围

身体直立，将皮尺绕颈一周，测量颈的中部最细处（图2-11）。

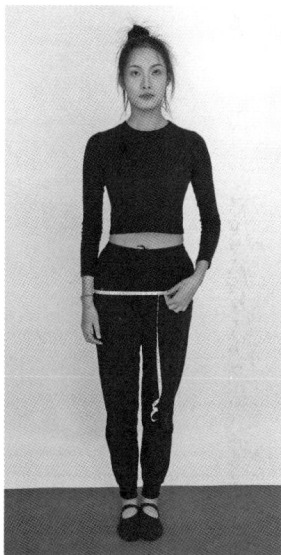

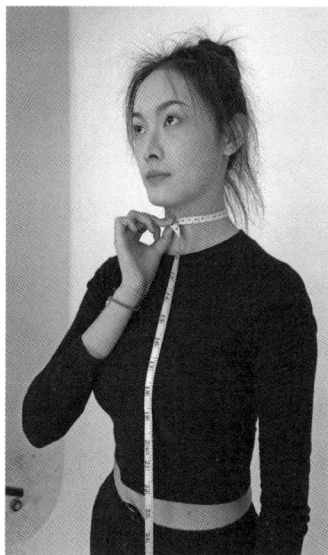

图2-9　　　　　　　　　图2-10　　　　　　　　　图2-11

三、符合形体美标准的人体比例

符合形体美标准的人体比例通常指的是身体各部位之间的尺寸和比例关系，这些比例往往与黄金分割比例相协调。以下是一些关键点。

（一）头身比例

在人体比例中，头身比例是一个重要的参考标准。普通成年人七个半头身到八个头身被认为是比较理想的比例。

（二）性别差异

男性和女性的理想体型比例有所不同。通常，女性的曲线更为柔和，其形体美更多强调柔和的曲线和协调性。在女性形体美中，更侧重比例、线条中的美感和协调性（图2-12）。男性的线条多为直线，更具力量感，男性的形体美标准倾向于展示力量感和稳定性（图2-13）。这些差异反映了不同性别在生物学和社会文化上的不同角色和期望。

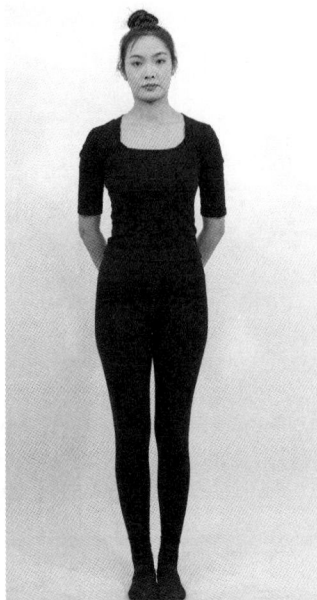

图2-12   图2-13

（三）骨骼与肌肉结构

人体的骨骼与肌肉结构也是影响形体美的重要因素。骨骼结构支撑着身体的重量并产生各种姿态，而肌肉结构影响着身体的形态。

（四）匀称协调

一个匀称协调的身体，无论是在运动还是静止时，都能展现出一种自然、和谐的美感。这种美感不仅是外在的，更反映了内在的健康和平衡状态。

综上所述，形体美的标准并不是绝对固定的，会受到文化、时代和个人偏好的影响。每个人的身体都是独一无二的，所以在追求形体美的同时，也要接受和欣赏自己的独特之处。

第三节　人体骨骼与肌肉

一、人体骨骼的形态与名称

人体骨骼是一个复杂而精密的结构体系，每块骨头都有其特定的功能和位置。了解人体骨骼的形态与名称有助于对人体结构产生基本的认识，正常成年人全身骨骼共有206块，通常按人体骨骼的形体分为短骨、长骨、扁骨、不规则骨、籽骨五种形态。

（一）短骨

短骨形态上一般呈立方形，表层为密质骨，内部为松质骨，能承重负压，起到支持作用。短骨多在承受压力较大且运动较复杂的部位集群存在，彼此稳固连接，如跗骨和腕骨等。

（二）长骨

长骨形体较长而坚硬，分布于人体四肢，在运动中起到杠杆作用。长骨多呈管状，内含空腔，有骨髓，如股骨、胫骨、肱骨、尺骨、桡骨、指骨等。

（三）扁骨

扁骨形似板状，富于弹性与坚固性，主要构成骨性腔的壁，对腔内器官起到保护作用，如颅骨部位的顶骨、枕骨和胸部的肋骨等。

（四）不规则骨

不规则骨形状上是不规则的，不属于上述任何一类骨骼，如髋骨、椎骨、颞骨等。

（五）籽骨

籽骨小而圆，存在于肌腱中，如髌骨就是全身最大的籽骨。

二、人体骨骼各部位的名称和数量

人体骨骼依据结构、功能、位置又可分为颅骨、躯干骨、上肢骨、下肢骨四部分。

（一）颅骨

颅骨共29块，除下颌骨和舌骨外，都借助于骨缝或软骨牢固连结。依据功能和位置，又可细分为脑颅和面颅两部分。

1.脑颅

位于脑颅的人体骨骼共14块，处在颅骨后上方，构成颅腔，起到容纳和保护脑组织的作用。

额骨1块，位于颅骨上前方，由额部和眼眶上部构成。

顶骨2块，位于颅顶中部线两侧，额骨和枕骨之间。

枕骨1块，位于颅骨后下部，形成颅后和颅底的一部分。

蝶骨1块，位于颅底中部、枕骨前方，因形似蝴蝶而得名。

颞骨2块，位于颅骨两侧，形成颅底和颅腔侧壁的一部分。

筛骨1块，位于额骨之下、蝶骨前方及左右眼眶之间。

听小骨6块，位于左右耳室之内，可分为锤骨、砧骨、镫骨。

2.面颅

位于面颅的人体骨骼共15块，处在颅骨的前下方，构成口腔，并与脑颅共同构成鼻腔和眼眶，以维持面部形态。

上颌骨2块，位于面颅中央，上方与额骨、颧骨等围成眼眶，与鼻骨围成鼻腔。

鼻骨2块，位于两眼眶之间，构成鼻梁上部。

下鼻甲2块，位于鼻腔的外侧壁，为一对卷曲的薄骨片。

泪骨2块，位于两眼眶内侧壁的前部，为一对薄而不规则的小骨片。

颧骨2块，位于上颌骨的外上方，构成面颊及眼眶底和外侧壁的一部分。

腭骨2块，位于上颌骨的后方。

犁骨1块，位于鼻腔内及颅下部，为一斜方形骨板，构成鼻中隔的后下部。

下颌骨1块，位于面颅的前下部、上颌骨的下方。

舌骨1块，位于下颌骨和喉之间，借助肌肉和韧带悬于颈的前正中。

（二）躯干骨

躯干骨共51块，构成躯干支柱和胸腔，有以下几类骨骼。

椎骨26块，其中有颈椎7块、胸椎12块、腰椎5块、骶骨1块、尾椎1块。

肋骨24块，是细而长呈弓形的扁骨，每一根肋骨都与脊柱的特定胸椎骨通过关节相连，构成胸腔。

胸骨1块，位于胸前部正中，是浅居皮下的扁骨。

（三）上肢骨

上肢骨共64块，有以下几类骨骼。

锁骨2块，位于胸廓前上方的颈椎两侧。

肩胛骨2块，位于背部上外方的第2~7肋骨，为三角形扁骨。

肱骨2块，位于臂部。

尺骨2块，位于前臂内侧（处于手臂下垂、掌心向外的姿态时）。

桡骨2块，位于前臂外侧。

手骨54块，由腕骨16块、掌骨10块、指骨28块构成。

（四）下肢骨

下肢骨共62块，有以下几类骨骼。

髋骨2块，位于臀部，属不规则骨；人在幼年时髋骨分为三部分，即髂骨、坐骨、耻骨，15~16岁时合而为一。

股骨2块，位于大腿部，是人体中最大和最长的长骨。

髌骨2块，位于股骨下端髌面上，是人体中最大的籽骨。

胫骨2块，位于小腿内侧，是小腿主要的负重骨。

腓骨2块，位于小腿外侧，细而长，不直接负重。

足骨52块，由跗骨14块、跖骨10块、趾骨28块构成。

三、人体浅层主要肌肉群

（一）颈肩部

1.颈阔肌

颈阔肌是一块位于颈部浅层的扁平肌肉，它起始于胸骨柄上方和锁骨中部，并延伸到下颌骨下方。颈阔肌的主要功能是控制面部表情，尤其是嘴角和下颚的运动（图2-14）。

2.胸锁乳突肌

胸锁乳突肌是颈部的一对大肌肉，起始于胸骨柄和锁骨，并延伸至颅骨的乳突部位。其主要功能是控制头部的旋转和侧屈运动，是颈部的主要旋转和侧屈肌肉之一（图2-15）。

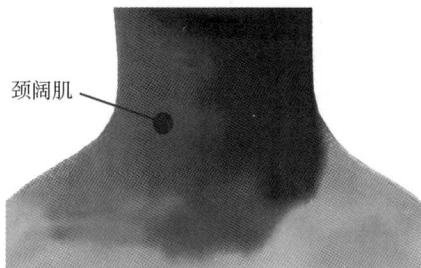

颈阔肌

图 2-14

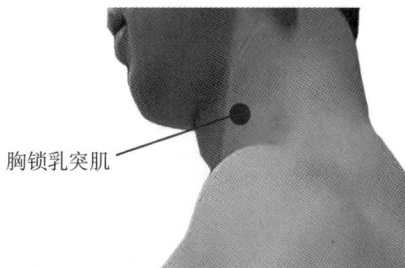

胸锁乳突肌

图 2-15

3. 斜方肌

斜方肌位于颈部和背部的上部，覆盖在肩胛骨和锁骨上方，由三部分组成，即上斜方肌、中斜方肌和下斜方肌。这三部分在颈部和背部相互连接，主要功能是抬高、下降、内旋和外旋肩胛骨，从而控制上肢的运动，参与头部的后仰和侧屈运动（图 2-16）。

4. 三角肌

三角肌位于肩部区域，覆盖在肩胛骨和肱骨上方，由三部分组成，即前束、中束和后束。这三部分在肩部相互连接，形成一个三角形。三角肌的主要功能是帮助抬高上肢，向前移动或向后移动，参与肩关节的稳定和上肢的旋转运动（图 2-17）。

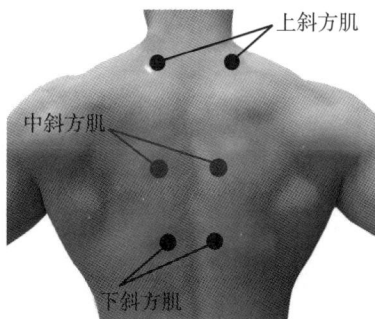

上斜方肌

中斜方肌

下斜方肌

图 2-16

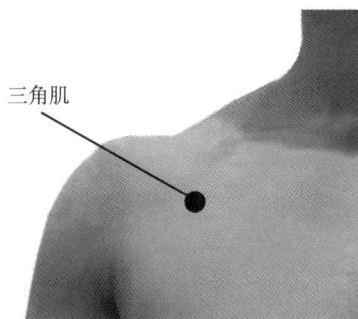

三角肌

图 2-17

（二）胸背部

1. 背阔肌

背阔肌位于背部区域，覆盖在下背部和骨盆上方，并延伸至肩胛骨下方。其由两部分组成，即上部和下部。这两部分在背部相互连接，形成一个宽阔的 V 字形。背阔肌的主要功能是帮助内旋和内收上肢，使其向后移动，参与肩关节的稳定和上肢的抬高运动（图 2-18）。

2. 竖脊肌

竖脊肌位于背部区域，由多个肌肉组成，包括长肌、髂肌和背阔肌等。这些肌肉在脊柱两侧排列，形成一个链条状的结构。竖脊肌的主要功能是帮助脊柱伸展，向后弯曲，参与脊柱的侧屈运动及头部的后仰运动（图 2-19）。

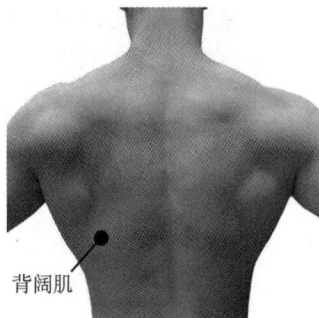

图 2-18

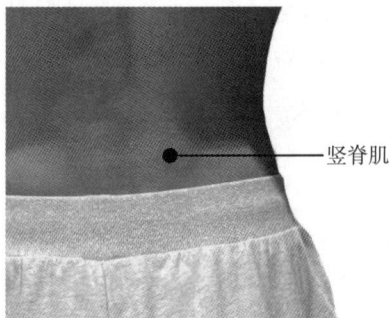

图 2-19

3. 胸大肌

胸大肌位于胸部区域，由多个部分组成，形成一个宽阔的扇形结构，从锁骨、胸骨和上肋骨处起始，并在肱骨处插入。胸大肌的主要功能是帮助内旋和内收上肢，参与肩关节的稳定和上肢的抬高运动（图 2-20）。

4. 前锯肌

前锯肌位于胸部区域，由多个部分组成，形成一个宽阔的梯形结构。它从肋骨和肩胛骨处起始，并在肩胛骨上插入。前锯肌的主要功能是帮助肩胛骨前移、上举和旋转，参与肩关节的稳定和上肢的抬高运动（图 2-21）。

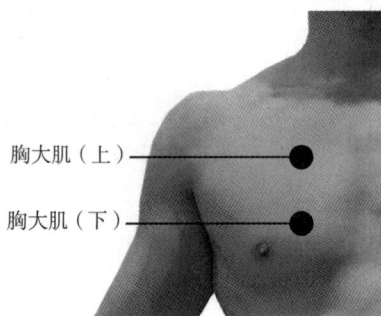

图 2-20

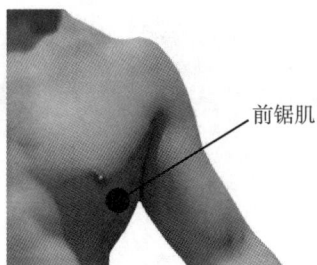

图 2-21

（三）腰腹部

1. 腹直肌

腹直肌位于腹部前侧壁，两侧对称分布。每侧肌肉都被一条称为腹白线的结缔组织中线分隔。这条线也标志着左右两侧腹直肌的分界。收缩时，可以使躯干向前弯曲，如仰卧起坐或从躺平位置起身时的动作，有助于侧弯和扭转躯干（图 2-22）。

2. 腹外斜肌

腹外斜肌位于腹部前侧壁，两侧对称分布。它起始于髂嵴（髋骨的一部分）、肋骨和胸骨，然后向下和内侧延伸，最后插入腹直肌的外侧。收缩时，可以使躯干向一侧弯曲（图 2-23）。

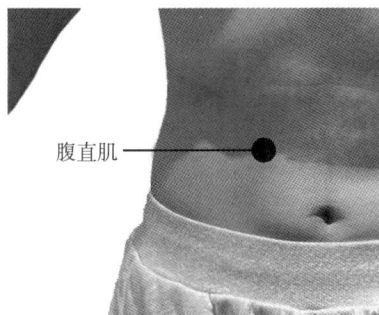

图2-22

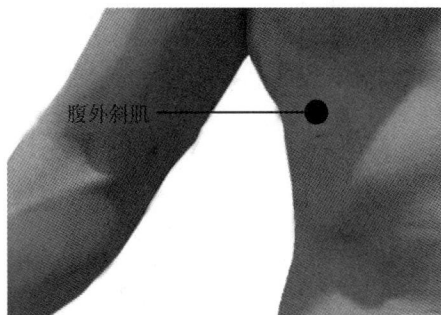

图2-23

3.腹内斜肌

腹内斜肌位于腹部深层，被腹外斜肌覆盖，起始于骨盆的髂嵴和腹股沟韧带，延伸至下肋、胸骨下部和腹白线。其功能是协助躯干向同侧弯曲，使躯干向对侧旋转，在深呼吸时协助扩张胸腔。

4.腰肌

腰肌是连接腰部和大腿的重要肌肉，位于腰部和腹股沟区域。它起始于腰椎的椎体侧面，止点在大腿的股骨小转子，对行走、保持姿态和脊柱运动至关重要。保持良好的腰肌力量和柔韧性有助于预防下背痛和提高整体身体机能，帮助稳定脊柱（图2-24）。

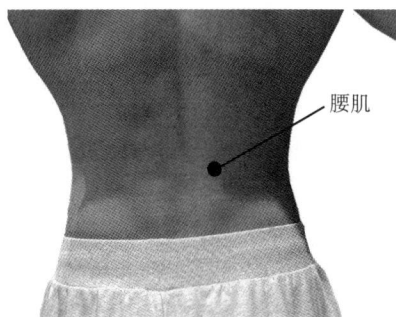

图2-24

（四）臂部

1.肱二头肌

肱二头肌位于上臂的前侧，由两个肌腹组成，长头和短头。长头起始于肩胛骨的肩关节盂上方，短头起始于肩胛骨的喙突，止点位于两个肌腹在肘关节的汇合处，通过肌腱附着在前臂的桡骨上。弯曲手臂时，肱二头肌使前臂靠近肩膀，使前臂从掌心朝上的位置旋转到掌心朝下的位置（图2-25）。

2.肱三头肌

肱三头肌位于上臂后侧，由三个肌腹组成，长头、外侧头和内侧头。长头起始于肩胛骨的肩关节盂下方，外侧头起始于肱骨的外侧，内侧头起始于肱骨的内侧。三个肌腹在肘关节处汇合，通过一条共同的肌腱附着在前臂的尺骨上。伸直手臂时，肱三头肌使前臂远离肩膀。肱三头肌可协助肩关节运动，主要作用于肘关节，也参与肩关节的部分运动，如肩部的伸展和压缩（图2-26）。

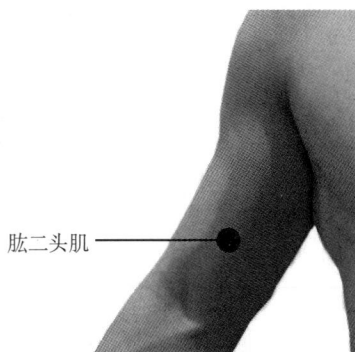

图2-25

3. 肱桡肌

肱桡肌位于前臂外侧，紧邻肱骨和桡骨。起点位于肱骨的外上髁，止点位于桡骨的远端，靠近手腕关节。弯曲手臂时，肱桡肌帮助将前臂靠近肩膀，使前臂从掌心朝下的位置旋转到掌心朝上的位置（图2-27）。

4. 桡侧腕屈肌

桡侧腕屈肌位于前臂前侧，紧邻肱骨和桡骨。起点位于肱骨的外上髁，止点位于第二掌骨的基底部。弯曲手腕时，其功能是将手掌向下移动，使前臂从掌心朝下的位置旋转到掌心朝上的位置。

5. 桡侧腕长伸肌

桡侧腕长伸肌位于前臂后侧，紧邻肱骨和桡骨。起始于肱骨的外上髁，通过一条窄而强壮的肌腱附着在第二掌骨的基底部，主要功能是伸展腕关节和协助前臂前旋。

6. 尺侧腕屈肌

尺侧腕屈肌位于前臂前侧的浅层肌的最内侧，紧邻尺骨和桡骨。其起始于尺骨的下端，通过一条窄而强壮的肌腱附着在第五掌骨的基底部，主要功能是屈曲腕关节和协助前臂前旋（图2-28）。

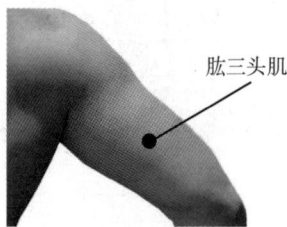
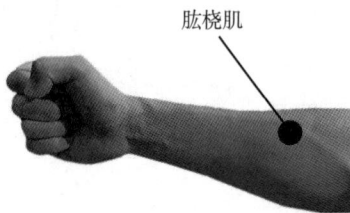
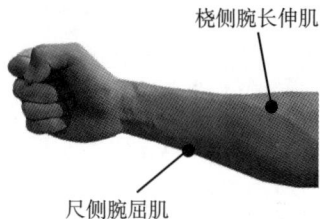

图2-26　　　　　　　　　　图2-27　　　　　　　　　　图2-28

7. 尺侧腕伸肌

尺侧腕伸肌位于前臂后侧的背侧皮下，紧邻尺骨和桡骨。其起始于尺骨的下端，通过一条窄而强壮的肌腱附着在第五掌骨的基底部，主要功能是伸展腕关节和协助前臂前旋。

（五）臀腿部

1. 臀大肌

臀大肌位于臀部，紧邻髋关节，起始于骨盆的后面，包括髂骨、坐骨和骶骨，并通过一条宽而强壮的肌腱附着在股骨的大转子上。臀大肌的主要功能是伸直髋关节，使腿部向后移动，帮助将大腿向外侧移动，在站立和行走时，臀大肌有助于稳定骨盆。

2. 股四头肌

股四头肌位于大腿前侧，紧邻髋关节和膝关节，包括直肌、内侧肌、中间肌和外侧肌。它起始于骨盆的前面，通过四条肌腱附着在胫骨上。股四头肌的主要功能是伸直髋关节，使腿部向后移动，帮助伸直膝关节，在站立和行走时，股四头肌有助于稳定骨盆。

3.缝匠肌

缝匠肌位于大腿前侧和内侧，是人体最长的肌肉之一，属于股四头肌群的一部分，但与其他三块主要肌肉相比，缝匠肌较为细长。其主要功能是在膝关节屈曲和髋关节屈曲时，帮助大腿向身体前方抬起，在髋关节处外旋大腿，在膝关节处内转小腿。

4.股二头肌

股二头肌位于大腿后侧，由长头和短头组成。它起始于骨盆的后上髂嵴，通过两条肌腱附着在胫骨上。其主要功能是帮助大腿向身体后方抬起，膝关节屈曲，在髋关节处外旋大腿。

5.胫骨前肌

胫骨前肌位于小腿前侧，紧邻胫骨和腓骨，起始于胫骨和腓骨的上部，通过一条窄而强壮的肌腱附着在足部的内侧楔骨上。其主要功能是帮助抬起脚尖，使脚踝向上弯曲，使足部向内旋转。

6.小腿三头肌

小腿三头肌位于小腿后侧，紧邻胫骨和腓骨，由长头、内侧头和外侧头组成，起始于坐骨和腓骨，通过一条窄而强壮的肌腱附着在跟骨上。其主要功能是帮助抬起脚跟，使脚踝向下弯曲，使足部向外旋转。

第四节　部分航空公司的要求

一、空乘人员的面试要求

空乘专业学生进行有针对性的形体训练，自然要满足航空职业人员的特殊要求。综合国内外各大航空公司空乘人员面试的卫生及体格标准，大致如下。

（一）空乘人员形象标准

空乘人员要求具有良好的外貌形象，包括五官端正、面部表情自然、肤色健康。此外，身材须匀称，身高适中，体重适宜。

面试时，空乘人员须穿着得体、整洁大方，展示出专业的形象。通常建议穿着正装，如西装、衬衫、裙子或长裤等。避免穿着过于暴露、花哨或休闲的服装。

空乘人员的发型须简洁、整齐。长发可以扎成马尾或盘发，短发要保持整洁。妆容方面，要求自然、清新，避免浓妆艳抹。男士要求刮须干净，保持面容整洁。

空乘人员要求具备良好的语言表达能力，包括发音准确、语速适中、语调自然。在面试过程中，要注意清晰地表达自己的观点，避免使用口头禅或存在过多停顿。

空乘人员要求具备良好的仪态举止，包括站姿、行走、坐姿等。站姿要求挺胸收腹，行走时步伐要稳重，坐姿要端正。

在面试过程中，注意保持良好的眼神交流，微笑面对考官，展示出自信、友好的形象。要体现服务意识，关注乘客的需求，提供优质的服务。要展示出自己的亲和力、耐心和关爱，以及对航空行业的热爱和敬业精神。

（二）空乘人员医学标准

空乘人员的面试不仅要求申请人有良好的外貌形象和服务意识，还需要满足一定的航空医学标准，以确保他们在空中服务过程中既能保持良好的工作状态，也能保障旅客的安全和舒适。空乘人员在履行职责时必须持有Ⅳa级体检合格证，这是根据《民用航空人员体检合格证管理规则（CCAR-67FS-R4）》等相关规定来执行的。

以下是一些具体的要求。

申请人需要符合一系列体检标准，包括但不限于视力、听力、心脏和肺部功能等，确保身体状况可以满足空中服务工作的需求。无精神病史；不晕车、不晕船；无口臭、无腋臭；无明显的内、外八字步；无肝炎、结核、痢疾、伤寒等传染病及各类慢性疾病。

视力要求上，女性单眼裸视力C字视力表不低于0.5；男性单眼裸视力C字视力表0.7以上；无色盲、弱视、斜视。

同时应具有良好的心理品质，这意味着申请人需要有较强的心理素质，能够应对飞行中可能遇到的各种情况。申请人应具备良好的社会适应能力，这对于处理乘客关系和团队协作非常重要。

二、民航公司招聘

（一）中国南方航空股份有限公司2024年乘务员招聘

1.企业介绍

中国南方航空股份有限公司（以下简称南航）总部设在广州，是中国航线网络发达、年客运量较大的航空公司之一，直接或间接控股厦门航空有限公司（以下简称厦航）、重庆航空有限责任公司、中国南方航空河南航空有限公司、贵州航空有限公司、珠海航空有限公司、汕头航空有限公司、河北航空有限公司、江西航空有限公司、中国南方航空货运有限公司9家客、货运输航空公司，参股四川航空股份有限公司；拥有北京、深圳、上海等18家分公司及南阳、佛山2家基地；设有杭州、南京、西宁等21家境内营业部，洛杉矶、纽约、伦敦、巴黎等52家境外营业部。南航机队规模超过900架，旅客运输量连续44年居中国各航空公司之首。同时，南航保持着中国航空公司最好的安全纪录，安全管理水平处于国际领先地位。2021年被国际独立航空评级网站Airline Ratings授予最高等级"七星安全评级"，2023年率先在全行业获得"飞行安全钻石三星奖"。

南航注重企业文化的打造，以"让更多人乐享美好飞行"为企业使命，秉持"安全第一，客户为本"的核心价值观，大力弘扬"勤奋、务实、包容、创新"的南航精神。

2.薪酬福利

正式劳动合同，职业更有保障；完善的薪酬福利体系，空勤人员全额医疗保险；人性化的年假和疗养假；全面专业化培训。

3.招聘基本条件

（1）男女不限，身高为男性175～185厘米，女性163～175厘米；

（2）具有本科及以上学历。

（3）专业不限，年级不限，应聘人员须在2026年9月1日前取得毕业证书。

（4）具备正常履行职责的身体条件和心理素质，适应民航安全岗位要求的身心健康条件。

（5）满足中国民用航空局颁布的《中国民用航空人员医学标准和体检合格证管理规则》（CCAR-67FS）中规定的体检标准。

（6）需符合民航局和公司有关背景审查的要求。

（7）不接受现役军人、武警报名。

4.招聘岗位

具体岗位：普通乘务员

任职要求：满足招聘基本条件；年龄在28岁以内，即1996年1月1日至2006年12月31日出生。

外语证书要求：大学英语四级425分（含）以上证书，或取得雅思5.0分（含）以上证书，或取得新托福60分（含）以上证书。

5.岗位特色

志愿地优选。报名环节志愿地不限，志愿地优先分配至广州、深圳、北京等枢纽基地；职业发展更广阔。有机会进入公司客舱"乘务管培生"计划，成为公司客舱管理队伍的储备力量。

（二）厦门航空有限公司2024年乘务员招聘启事

1.企业介绍

（1）企业性质：厦门航空有限公司（以下简称厦航）成立于1984年，总部位于中国东南沿海的福建省厦门市，是中国首家按现代企业制度运行的航空公司。在全球航空公司金融评级中，名列中国航空公司之首。

（2）机队规模：截至2022年12月，厦航机队规模达到210架飞机。

（3）航线网络：厦航总部设在厦门，拥有河北航空有限公司、江西航空有限公司2家航空主业子公司，并在福州、杭州、北京、天津、长沙、泉州、重庆、上海设有分公司，同时在境内外50多个大中城市设有办事处和营业部，目前运营国内外航线近400条，已经构建起广泛的航线网络。

2.工作地点

厦航拥有厦门、福州、杭州、北京、长沙等运行基地，学员培训合格后，由厦航根据各运行基地人员需求计划、学员生源地等进行统一分配。

3.薪资水平

厦航提供极具竞争力的薪酬待遇，享有众多福利，如单身公寓、免费机组执勤用餐、机组交通保障、年休假、疗养假、八险两金等福利待遇。

4.岗位职责

岗位职责是按照标准和规范执行客舱服务程序，在飞机上为旅客提供优质服务和安全保障。

5.招聘基本条件

（1）女性，身高在162～173厘米。

（2）具有教育部承认的大专及以上学历，专业不限。

（3）2024年及以前大学毕业：本科及以下要求于2000年1月1日以后出生，硕士要求于1998年1月1日以后出生；2025年毕业：本科及以下要求于2001年1月1日以后出生，硕士要求于1999年1月1日以后出生。

（4）身材匀称，举止端庄，笑容甜美，语言流畅，气质较好，有较强的亲和力。

（5）符合中国民航空勤人员体检、背景调查条件。

6.招聘岗位

（1）乘务员岗位特色：地面岗位实习期不超过3个月，并计发实习补贴。

（2）乘务员任职要求：①满足招聘基本条件；②英语四级（CET4）425分及以上优先。

（三）航空公司面试

第一步，在线申请：首先，求职者需要在航空公司的招聘网站上提交申请，通常包括填写个人信息、教育背景、工作经验等。

第二步，简历筛选：航空公司的人力资源部门会对申请者的简历进行筛选，以确定是否符合职位要求。

第三步，初步面试：被选中的申请者会被邀请参加初步面试。这一轮面试通常由人力资源部门进行，主要是对申请者的基本能力和职业适应性进行评估。

第四步，技能测试：根据申请的职位不同，可能会有相应的技能测试。例如，对于飞行员职位，可能需要进行飞行技能测试。

第五步，深度面试：通过初步面试和技能测试的申请者，会进入深度面试阶段。这一轮面试通常由部门主管或专业面试官进行，更深入地评估申请者的专业技能和工作经验。

第六步，背景调查：在部分航空公司，还可能进行背景调查，以验证申请者的教育和工作历史。

第七步，体检：对于一些职位，如空乘人员，还需要进行体检，以确保申请者的身体状况符合航空行业的标准。

第八步，录用通知：通过所有面试阶段的申请者会收到录用通知。

这是航空公司的一般面试流程，具体流程可能会根据不同的航空公司和职位有所不同。

三、空乘招聘注意事项

空乘是一个让人羡慕的职业，每年的空乘专业招生、报考和面试都较为火爆，在空乘专业面试这一环节，尤其引起广大考生的关注。空乘面试应该做哪些准备，面试时应该如何应对，以下是空乘面试中的注意事项。

（一）服务意识

作为空乘人员，服务意识是至关重要的。这意味着必须拥有为他人服务的热情和渴望，以及对民航事业的浓厚兴趣。在面试中，这种服务意识必须得到充分的展现，但同时也要避免过度夸张或做作的表现。除了服务意识，与人沟通的能力和亲和力也是不可或缺的。作为空乘人员，需要与各种背景和性格的乘客进行有效的交流。因此，良好的沟通能力和亲和力有助于建立积极的关系，并提供更好的服务体验。此外，空乘工作也需要较强的心理承受能力。在飞行过程中，可能会遇到各种突发情况和挑战，如紧急情况、乘客投诉等。因此，空乘人员需要具备冷静、镇定和应对压力的能力，以保持专业和高效的工作状态。

（二）自我介绍

在准备空乘面试的过程中，自我介绍是一个重要的环节。为了确保能够流畅地表述自己的情况，提前准备一份简洁明了的自我介绍是非常必要的。通常，面试官会询问一些基本的问题，如姓名、身高、学历及为什么选择成为空乘人员等。因此，可以提前思考这些问题，并准备好相应的答案。在自我介绍中，可以先介绍自己的姓名和身高，可以谈谈个人的学习、工作情况。另外，可以介绍下自己为什么选择成为空乘人员。可以提到对航空行业的兴趣，以及认为这个职业能够带来的挑战和机会等。在面试中，需要提交一份中文简历和一份英文简历。这两份简历应该包含个人信息、教育背景、工作经历以及其他相关技能和证书等。确保简历的内容准确无误，排版整洁清晰，以便面试官能够快速了解个人的具体情况。

（三）衣着打扮

在参加空乘面试的那一天，考生应当精心挑选一套既大方又端庄的服装，这套服装不仅要符合自己的个人风格，还要展现出专业的形象。在选择服装时，考生应避免过于张扬或花哨的设计，以免给人留下不稳重的印象。在发型方面，考生应保持自然状态，避免染、烫发。这是因为自然的发型更能展现出考生的真实面貌，同时也更能体现出考生的职业素养。此外，考生还应保持自然微笑，这不仅能展现出自信和亲和力，还能给面试官留下良好的第一印象。在化妆方面，考生可以适当化淡妆，以提升整体形象。但是，化妆的程度不宜过浓，否则可能会失去自己的本色，甚至弄巧成拙。化淡妆的目的是让考生看起来更加精神饱满，而不是掩盖自己的真实面貌。

（四）形象气质

饮食方面需要注意选择清淡的食物。辛辣食物可能会刺激皮肤，导致青春痘的出现。海鲜和热性食物也可能引发皮肤过敏反应，影响整体形象。因此，在面试前，尽量选择清淡、健康的食物，如蔬菜、水果和粗粮等，以保持皮肤的健康和光泽。充足的睡眠对于保持良好的形象至关重要。睡眠不足会导致黑眼圈和疲惫的面容，影响整体形象。因此，在面试前的几天里，要确保每天有足够的睡眠时间，让身体得到充分休息和恢复。这样可以让容貌更加靓丽，进而展现出自信和活力。适当的体育锻炼也是不可或缺的。体育锻炼可以增强身体的活力和灵活性，使形体更加优美。可以选择一些适合自己的运动方式，以提高身体素质和形象气质。

（五）自信和朝气

积极的态度不仅能给空乘面试官留下深刻的印象，还能展示出训练者的专业素养和个人魅力。自信是面试成功的关键之一。在面试中，自信的表现可以通过姿态、语言和眼神等方面体现出来。保持直立的姿势，挺胸抬头可以展现出自己的自信和坚定。同时，用清晰、流利的语言回答问题，表达自己的观点和想法，可以展现出自己的沟通能力和表达能力。此外，与面试官进行眼神交流也是非常重要的，可以表现出自己的专注和真诚。

空乘工作需要面对各种各样的乘客，因此具备积极向上的精神状态和乐观开朗的性格非常重要。在面试中，可以通过微笑、积极的语气和热情的表达方式来展现自己的朝气。同时，对于面试官的问题，可以积极思考并给予积极的回应，展现出自己的敏捷思维和应变能力。另外，给面试官留下好印象还需要注重细节。在面试前，要对自己的简历和相关知识进行充分的准备，以便能够回答面试官的问题。在面试过程中，要注意言谈举止得体、不卑不亢，展现出自己的专业素养和团队合作精神。

总之，在面试过程中，展现出自信和朝气是非常重要的。通过自信的姿态、流利的语言、积极的表情、扎实的专业知识，能够给面试官留下深刻的印象，从而提高自己的竞争力。

第三章

形体训练营养与健康

第一节　形体训练营养健康知识

一、食物的分类及其营养成分

（一）谷类和薯类

1.谷类

日常饮食中的主食就是谷类食物，主要有大米、小米、小麦、高粱、玉米等。膳食中的热能和蛋白质主要来源于谷类食物。相较于其他食物，谷类食物是最经济、理想的。谷类还含有磷、钙、铁等矿物质，富含烟酸和维生素，其皮层和胚部是无机盐和 B 族维生素的聚集地。谷类的加工精度越高，其含量就越少（图3-1）。

2.薯类

红薯、紫薯、马铃薯等属于薯类食物。薯类中的淀粉膳食纤维相当丰富，且矿物质和维生素的种类也很多。新鲜红薯中含有磷、钙、铁、糖类、蛋白质、粗纤维、胡萝卜素和其他多种维生素。薯类食物还可以一定程度降低发生动脉硬化的概率，使心血管壁保持弹性，减少皮下脂肪，可润滑消化道和呼吸道（图3-2）。

图3-1

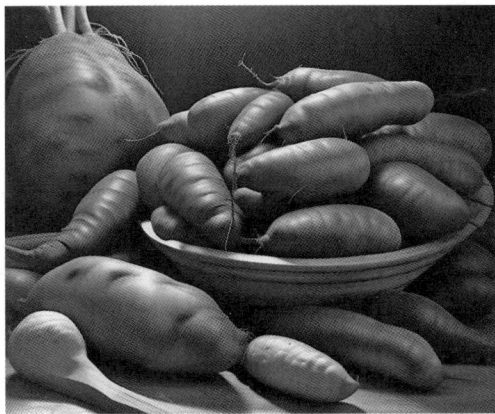

图3-2

（二）蔬菜类、水果类

1.蔬菜类

蔬菜类食物是人体获取多种维生素和矿物质的重要来源。蔬菜类按结构及可食部位不同分为叶菜类、甘蓝类、根茎类、水生蔬菜、茄果类、葱蒜类、豆类等。蔬菜的成分主要包括糖类、蛋白质、矿物质、维生素、纤维素和碳水化合物等。蔬菜包括维生素A、维生素B、维生素C和维生素E等。这些维生素在维持免疫系统、保护视力、促进皮肤健康等方面起到关键作用。蔬菜富含膳食纤维，有助于消化系统的健康（图3-3）。

2.水果类

水果的种类繁多，每种水果都有其独特的营养成分和健康益处。水果是平衡膳食的重要组成部分，它们不仅能够提供丰富的维生素和矿物质，还含有类胡萝卜素等植物化学物质，对维持人体健康起到重要作用（图3-4）。

图3-3

图3-4

（三）动物性食物

1.肉类

肉类是人们日常饮食中重要的食品类别，涵盖了广泛的动物性食品。肉类中的营养素主要包括：肌酸，能够快速增加肌肉力量和提高爆发力；维生素B$_{12}$，对大脑和神经功能至关重要，并参与红细胞的产生；二十碳五烯酸（EPA）和二十二碳六烯酸（DHA），通常出现在富含Omega-3的鱼类和草饲动物的肉中。肉类还提供了人体必需的氨基酸、脂肪酸和无机盐等，也是蛋白质的优质来源，同时提供了多种对人体有益的微量元素和维生素。适量食用肉类可以帮助维持身体健康和促进身体正常功能发挥（图3-5）。

2.蛋类

蛋类种类丰富，包括鸡蛋、鸭蛋、鹅蛋、鹌鹑蛋、鸽蛋及其制品。蛋类含有丰富的氨基酸、磷脂、维生素和矿物质，特别是人体自身不能合成的必需氨基酸含量最为理想。蛋黄中的卵磷脂对脑部和神经组织的发育有重要作用（图3-6）。

图3-5

图3-6

3.奶类

奶类包括牛奶、羊奶、马奶及其制品等，含有丰富的蛋白质和钙，这些都是人体必需的营养素，且极易吸收。牛奶脂肪的主要成分是低熔点的不饱和脂肪酸及脂肪酸，其颗粒细小、分散，吸收率较高，还有钙、钠、钾等矿物质。奶类中含有所有人体所需的维生素，尤其是维生素A和维生素B_2较为突出（图3-7）。

（四）豆类及其制品

豆类包括大豆、青豆、黑豆、绿豆、赤小豆、豌豆、芸豆、豇豆、蚕豆等，豆制品包括豆腐、豆浆、豆腐脑、豆芽等。

图3-7

豆类及其制品富含蛋白质，是素食者获取蛋白质的重要途径，含有一定量的脂肪，但大部分是不饱和脂肪酸，对心血管健康有益。豆类中含有碳水化合物，富含膳食纤维，有助于消化和预防便秘；含有多种维生素和矿物质，如B族维生素和铁、钙、镁等（图3-8）。

（五）纯热能食物

纯热能食物是指那些主要提供能量，而不含其他营养素，如蛋白质、维生素或矿物质的食物，包括猪油、牛油、羊油等动物油脂，以及花生油、芝麻油、菜籽油、茶油等植物油脂。油脂主要成分是脂肪，不仅可以为身体提供能量，还可以帮助促进脂溶性维生素的吸收。糖类包括红糖、白糖、冰糖等，主要成分是碳水化合物，也是身体能量的主要来源。这类食物的摄入应当适量，以避免能量过剩导致的健康问题（图3-9）。

图3-8

图3-9

二、平衡膳食

膳食中含有种类丰富、比例合理、数量充分的营养素，并且膳食供给的正是人体所需的营养素，两者处于平衡状态就叫作平衡膳食。对于机体的生理需求，平衡膳食可以很好地满足，而且能有效预防多种疾病，在人类的膳食中最为理想。

（一）平衡膳食宝塔

我国将《中国居民膳食指南》的要求与居民的膳食结构特点相结合，设计了我国居民平衡膳食宝塔。它以平衡膳食为依据，明确各类食物的重量，并绘制成宝塔图，让人们更加直观形象地了解食物的分类及其合理搭配，以利于人们在日常生活中实行平衡膳食。宝塔的最底层为谷类食物，第二层是蔬果类食物，第三层是肉、蛋、禽、鱼，第四层是豆类和奶类食物，第五层是油脂类食物。

（二）平衡膳食宝塔的应用

1.根据自身需求对能量水平进行合理的确定

平衡膳食宝塔是根据一般健康成人设计每天各类食物摄入的范围，在实际应用中，还要根据具体情况进行调整，包括人的性别、体重、年龄、活动量等。

2.互换同类食物，丰富膳食色彩

可以综合考虑营养和美味，对平衡膳食宝塔进行灵活应用，安排日常饮食时，同类食物可以相互调换，种类尽量多。

3.资源充分利用

我国地大物博，每个地方的物产和饮食习惯都存在一定的差异，应结合平衡膳食宝塔，对当地资源进行充分利用。

4.培养良好的饮食习惯

膳食对于健康没有立竿见影的效果，但是通过长期的坚持，养成良好的饮食习惯，注意营养搭配，对于人体的健康一定可以起到改善作用。

三、运动后的饮食习惯

（一）运动后不宜立即进餐

人体运动时，大量血液会向运动器官流动，停留在消化器官的血液就会减少，因此，消化系统会进入暂时抑制状态。如果运动结束后马上进食，食物的消化和吸收必然会受到影响，严重时还会出现消化不良、呕吐，甚至引发疾病。合理的进食时间是锻炼后半小时。

（二）饭后不宜立即进行剧烈运动

饭后，胃部需要大量的血液来帮助消化食物。如果此时进行剧烈运动，会使血液流向肌肉，导致胃部血液供应不足，可能引发消化不良、胃痛等症状，还会使心脏负担过重，可能引发心脏病。建议饭后至少等待30分钟到1小时再进行运动，让食物有足够的时间进行初步消化，减少运动带来的不适。同时，饭后可以进行一些轻度的运动，这有助于食物的消化。

（三）合理安排一日三餐

空乘人员由于工作的特殊性，需要合理安排一日三餐，以保持身体健康和工作效率。以下是一些建议。

早餐是一天中最重要的一餐，应保证营养均衡。可以选择一些富含蛋白质和纤维的食物，如全麦面包、鸡蛋、牛奶、酸奶、水果等。避免吃过多的油腻食物和糖分高的食物，以免影响

上午的工作。

午餐应选择营养均衡、易于消化的食物。可以选择瘦肉、鱼、蔬菜、水果等。避免吃过多的油腻食物和辛辣食物，以免影响下午的工作。如果飞行时间较长，可以在飞行途中吃一些坚果或者水果，以补充能量。

晚餐应选择轻食，避免吃得过饱。可以选择蔬菜、水果、瘦肉、鱼等。避免吃过多的油腻食物和辛辣食物，以免影响晚上的休息。如果飞行时间较晚，可以在飞行途中吃一些轻食，如酸奶、水果等。

由于空乘人员的工作性质，可能会经常感到饥饿。可以适当准备一些健康的零食，如坚果、水果、酸奶等，以备不时之需。飞行过程中，由于空气干燥，可能会感到口渴。因此，空乘人员应随时补充水分，可以选择水、果汁、茶等。

第二节　形体训练能量需求

形体训练需要消耗能量，能量需求的大小取决于训练的强度、持续时间和个人身体状况。在进行形体训练时，身体需要消耗蛋白质、碳水化合物和脂肪等营养物质来提供能量。蛋白质是肌肉生长和修复所必需的，碳水化合物是提供能量的主要来源，脂肪可提供长时间持续的能量。根据美国运动医学会的建议，在进行中等强度的有氧运动时，每千克体重每小时需要消耗4～7卡路里的能量；在进行中等强度的力量训练时，每千克体重每小时需要消耗5～9卡路里的能量。因此，进行形体训练时，需要根据自己的身体状况和训练强度来计算能量需求，并摄入足够的营养来支持身体的恢复和生长。

一、能量满足健身运动的需求

在日常饮食中，对于米、面等主食的摄入要重视。主食是人体能量的主要来源，是进行训练的能量保障。糖类进入人体后会快速释放能量，在体内的压力作用下产生皮质醇。所以在训练时，尽量不要食用各种糖类食品。随着生活水平的提高，现在基本上都不会缺乏蛋白质，反而要控制肉类的摄入量。肉类摄入过多，不但会给人体带来过多的脂肪和能量，还不利于身体健康，容易引发高脂血症等疾病。把握好动物和植物蛋白质的比例，可以适当减少肉类，用奶类和豆类食物代替，还要多吃瓜果、蔬菜，种类尽量丰富，以生食为佳。

二、食物营养平衡和多样化

鱼、肉等酸性食物不宜在运动后大量食用，容易导致体内酸碱不平衡。运动时人体中的蛋白质、糖类以及脂肪会加速分解并产生酸性物质，在这些酸性物质的刺激下，人体会出现身体无力、肌肉酸胀等现象，如果运动后食用鱼、肉等酸性食物，人的体液中的酸性会加强，这对身体功能的恢复不利，甚至会出现酸中毒。所以，运动后应多食碱性食物，包括豆类、水果蔬菜等，以保持身体酸碱平衡，促进身体快速恢复。南瓜、苹果、海带、草莓等是较常见的碱性食物。

三、一日三餐的合理营养

形体训练者要根据自己每天的锻炼量，合理选择三餐食物种类和数量，而不仅是根据自己的喜好选择食物。要合理安排一日的餐饮，两餐的间隔时间和每餐的数量、质量。按照我国居民的生活习惯，正常情况下，一般每日三餐比较合理，两餐的间隔以 4~6 小时为宜。各餐数量的分配要适合锻炼的需要和生理状况，较适宜的分配为：早餐占全天总热能的 30%，午餐占全天总热能的 40%，晚餐占全天总热能的 30%。

四、合理的饮食习惯

空腹运动或者刚进食就运动，都不利于身体健康。可以先食用少量的食物，过半小时左右再运动，不仅可以达到理想的运动效果，还可以有效避免身体功能的紊乱。

五、合理补充水分

形体训练时，由于运动强度大，出汗多，身体需要大量的水分来补充流失的水分和电解质。在运动前，应确保身体内水分充足。可以在运动前 30 分钟到 1 小时喝一些水，以保持身体的水分平衡。在运动过程中，应随时确保水分充足。可以选择喝一些水或者运动饮料，以补充流失的水分和电解质。但是，不要一次性喝太多水，以免影响消化。在运动后，应立即补充水分。

六、适当选择运动营养品

通常训练者所说的功能食品，就是运动营养保健品，它是一种特殊的面向运动人群的营养品。为了达到理想的锻炼效果，在合理膳食的同时，训练者可以适当搭配一些功能食品。

总之，形体训练需要消耗大量的能量，应摄入足够的营养来支持身体的恢复和生长。空乘人员在进行形体训练时，需要根据自己的身体状况和训练强度来计算能量需求，并合理安排饮食，摄入足够的营养来支持身体健康和形体训练的效果。

第三节　空乘人员形体训练与饮食

形体训练和饮食是密切相关的。空乘人员在进行形体训练时，需要注意合理的饮食搭配，以满足身体对营养的需求，同时避免过度摄入热量和脂肪，影响训练效果。一般来说，空乘人员应该注意以下几点饮食原则。

一、饮食均衡

对空乘人员来说，由于工作性质的特殊性，他们的饮食和形体训练需要更为精细和科学的规划。通过科学的饮食搭配，合理搭配主食、蔬菜、水果、肉类、豆类等食物，保证摄入足够的营养素，配合系统的形体训练，以最佳的身体状态和精神面貌投入工作中，为乘客提供更优质的服务。

（一）摄入足够的蛋白质

蛋白质是肌肉的主要组成部分，空乘人员需要摄入足够的蛋白质来维持肌肉的健康生长。

（二）控制碳水化合物的摄入量

碳水化合物是身体能量的主要来源，但摄入过多会导致体重增加，因此空乘人员需要控制碳水化合物的摄入量。

（三）多吃蔬菜和水果

蔬菜和水果富含维生素和矿物质，可以帮助空乘人员维持身体健康和增强免疫力。

（四）控制饮食量

空乘人员需要控制饮食量，避免过度饱胀和过度饥饿，以保持身体健康和外表形象良好。

空乘人员需要进行形体训练和均衡饮食，以保持良好的身体素质和外表形象。可以选择适合自己的运动方式和饮食习惯，根据自己的工作时间和航班计划进行合理安排。

二、注意饮食时间

空乘人员的工作时间不固定，因此需要注意饮食时间的合理安排，避免影响训练效果和身体健康。同时，也需要注意饮食卫生，避免食物中毒等问题的发生。

（一）早餐要吃好

早餐是一天中最重要的一餐，空乘人员应该尽量在起床后的1小时内吃早餐，以补充一夜之间身体消耗的能量和营养。

（二）避免过度饮食

空乘人员的工作性质决定了其需要保持良好的身材，因此需要控制饮食量，避免过度饮食。

（三）合理安排进食时间

空乘人员应该根据自己的工作时间和航班计划，合理安排进食时间，避免在工作期间过度饥饿或过度饱胀。

（四）注意饮食卫生

空乘人员需要经常出差和旅行，因此需要注意饮食卫生，避免食物中毒等问题的发生。

（五）及时补充水分

空乘人员需要长时间站立和行走，容易出现脱水现象，因此需要适量补充水分，保持身体的水分平衡。

空乘人员应该合理安排饮食时间，注意饮食卫生，控制饮食量和热量，补充水分，以保持健康的身体和工作效率。

三、减脂形体训练阶段的膳食营养

减脂形体训练者的锻炼目的主要在于调节代谢功能，增加脂肪消耗，促进脂肪分解。大量的研究表明，理想而有效地减少脂肪的方法是适量运动、适当控制饮食和生活方式的改变。

（一）减脂形体训练阶段的膳食营养安排原则

减脂形体训练阶段的膳食营养安排应以控制总热量摄入为原则，同时保证足够的蛋白质摄入，适量的碳水化合物和脂肪摄入，多吃蔬菜和水果，定时定量饮食，补充必要的营养素。

1.控制总热量摄入

减脂的基本原则是热量摄入要少于热量消耗。因此，需要根据个人的体重、身高、年龄、性别和运动量来确定每日的热量摄入量，并尽量控制在理想体重所需的热量范围内。

2.高蛋白饮食

蛋白质可以帮助维持肌肉量，促进脂肪燃烧。因此，应保证每日蛋白质的摄入量，一般建议每千克体重摄入1.2～1.5克蛋白质。

3.低脂饮食

虽然脂肪是身体的重要能量来源，但是过多的脂肪摄入会导致热量过剩。因此，应选择低脂食物，如鸡胸肉、鱼、蔬菜等。

4.适量碳水化合物

碳水化合物是身体的主要能量来源，不能完全避免。应选择低血糖生成指数（GI）值的碳水化合物，如全麦面包、燕麦、蔬菜等。

5.多吃蔬菜和水果

蔬菜和水果富含维生素和矿物质，可以提供身体所需的各种营养素。同时，蔬菜和水果的热量低，可以增加饱腹感。

6.定时定量饮食

应保持每日三餐定时定量，避免过饥或过饱。可以在饭前喝一杯水，增加饱腹感。

7.补充必要的营养素

如维生素B、维生素C、钙、铁等，可以通过食物或者补充剂来获取。

（二）减脂形体训练阶段的膳食营养安排措施

1.摄入的热量要保持负平衡

机体消耗的实际能量要大于膳食提供的能量，使能量保持负平衡的状态，可以帮助代谢体内积蓄的能量，保持理想的体重，减脂就是以此为前提的。

2.合理安排饮食结构和饮食量

一日三餐，每餐的比例控制在29%～38%，避免晚餐过量。减脂者要减少糖类和脂肪的摄入，增加蛋白质的摄入，使三大功能物质保持适当的比例。

3.食物与烹饪方法的合理选择

对于糖类、脂肪和热量较高的食物要少食。谷类和饱和脂肪酸油脂类的食物具备以上特征，减脂者要少食。尽量不吃油炸类食物。烹饪菜肴的油类以高不饱和脂肪酸为佳，控制用油量。炒好的菜可以先用餐巾纸做吸油处理后再食用。烹饪方式以蒸、煮、炖为佳。

第四章
空乘人员基本仪态训练

形体训练与其他体育运动项目有所不同，但其共同点都在于锻炼身体素质。形体训练的目的在于重塑人体形态，养成良好的姿态，帮助练习者快速学习和掌握形体训练的基础知识技能和要领。在训练过程中不仅可以提高身体素质，还能培养气质和美感，达到陶冶情操、提升审美品位的目的。

第一节　空乘人员站姿训练

一、站姿的基本要领

空乘人员的站姿不仅是职业形象的体现，也是对乘客尊重的表现。因此，空乘人员在岗前培训和日常工作中都会不断练习和注意自己的站姿，以确保在任何时候、任何情况下都能展现出最佳的职业形象（图4-1）。

常用的四种站姿如下。

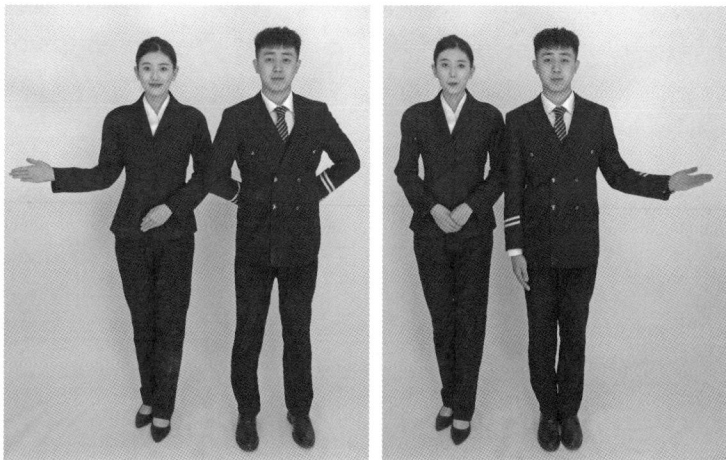

图4-1

（一）肃立式

动作要领及要求：在基本站姿的基础上，两脚并拢，挺胸抬头，目光平视前方，收腹立腰，双臂自然下垂，下颏微收，双手自然放置于身体两侧（图4-2）。

（二）体前交叉式

动作要领及要求：

男士两脚分开小于肩宽为宜，两脚尖向外微开；双手在腹前交叉，左手轻握拳，右手虎口微开，其余四指微并，搭在左手外部；身体重心放在两腿之间，腰背挺直，双肩展开，颈部直立，下颏微收（图4-3）。

图4-2

女士左脚在前呈丁字步，即两脚尖稍稍展开，左脚尖向前，左脚跟靠于右脚内侧中间位置；右脚尖向外约45度；双腿绷直，双膝并拢，腰背立直，双臂向左右微开，双手在腹前交叉，右手握左手的手指部分，使左手四指不外露，左手大拇指内收在手心处。双肩向左右展开，颈部直立，下颏微收，面带微笑（图4-4）。

（三）体后交叉式

动作要领及要求：两脚分开略小于肩宽，两脚尖微微展开，两腿绷直，腰背直立，双手交叉于身后，肩膀自然下垂，胸部向上挺起（图4-5）。

图4-3

图4-4

图4-5

（四）背后握指式

动作要领及要求：左脚跟靠于右脚内侧后三分之一处，呈丁字步，双腿绷直，双膝并拢，脚尖分开约45度，身体的重心应平均分布在两脚之间，或根据需要调整重心，双手叠加背于身后（图4-6）。

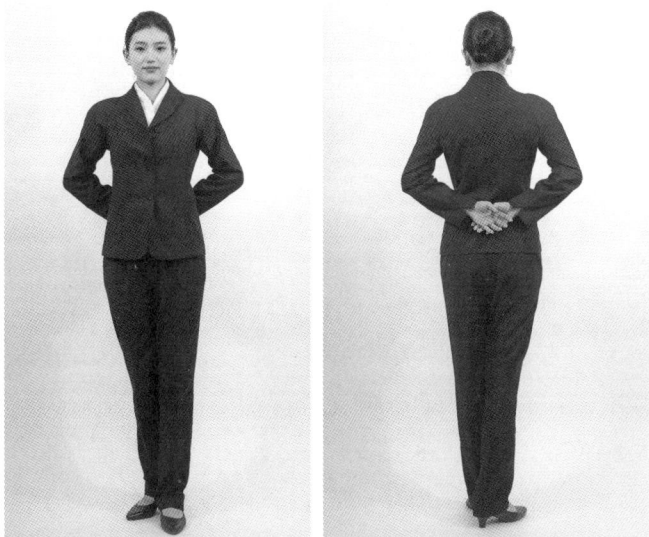

图4-6

二、服务过程中的站姿

站立服务时，男性空乘人员要注意表现出绅士、和蔼可亲的风采，女性空乘人员要展现优雅和端庄的气质，给乘客一种静态的美感。对所有空乘人员来说，在站立的过程中都要注意时刻面对服务对象，不可背对服务对象，这样做的目的在于体现空乘人员对服务对象的尊重，因此需要格外注意这一细节问题。

这样做不仅有助于建立良好的沟通，还能传达出尊重和关注乘客的态度；不仅体现了空乘人员的专业素养，还有助于提升乘客的整体体验。在服务过程中，空乘人员应保持双臂自然下垂或适当使用手势以显得更加亲切和友好（图4-7）。

图4-7

三、生活中的站姿

在社交公共场合，有些人会因为紧张而显得手足无措，需要调整站姿来缓解自己紧张的情绪。在站立与人交谈的过程中，如果双手没有拿东西，那么应该保持右手在上，身体前倾，双手相握。如果背着背包，可以利用背包来调整自己的站姿。在与长辈和同事交流过程中，不论是握手还是鞠躬，都要保持身体直立，膝盖不能弯曲。在等人或等车的过程中，双脚要保持一前一后，适当予以手势指引，站姿要保持优雅、自然。无论摆出什么样的站姿，身体都必须保持挺拔直立，但双脚和双手的姿态和位置是可以根据实际情况调整变化的。

四、站姿的训练方法

站姿的训练是一个涉及身体多个部位协调的过程，目的是帮助个人保持良好姿态，提升形象和自信心。

（一）习惯形成的三个阶段

第一阶段，一般为一个星期左右。在这一训练阶段中，通常会呈现刻意和不自然的状态，因为学生的动作比较生疏，所以给人一种非常不自然的感觉。

第二阶段，一般为一到三个星期。如果在第一阶段无法坚持下去选择放弃，就不会进入第二阶段。在这一阶段中，经过一段时间的训练已经掌握了一定的动作要领，所以不会显得那么不自然，但仍会给人一种刻意的感觉，时刻提醒自己刻意调整和改变动作。

第三阶段，一般为三个星期到三个月。经过长期的重复训练，对于动作要领早就烂熟于心，进入第三阶段，就能独立完成自我改造，所以呈现不刻意、很自然的状态。这些良好的习惯为后续的训练打下了坚实的基础。

（二）训练方法

站姿训练是一种常见的身体训练方法，旨在改善个人的站立姿势和增强平衡感。

1.靠墙法

背靠墙站立，人体的后脑、双肩、臀部、小腿肚及脚后跟等部位都与墙壁轻轻贴合，挺胸收腹、提腰、背部挺直。每次静止训练15～20分钟，坚持一个月会看到明显效果（图4-8）。

2.夹纸法

保持身体直立，挺胸收腹，双肩放松，下颏微收，眼睛平视前方。双腿伸直，双膝间夹住一张纸片，控制双腿夹的纸片不掉落，每次训练15～20分钟（图4-9）。通过膝盖夹纸法，不仅能够帮助练习者保持正确的站立姿势，还能锻炼大腿内侧肌肉，改善身体的平衡感和稳定性。

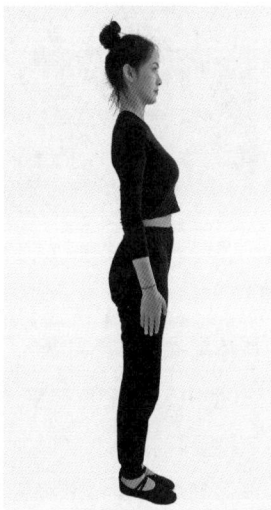

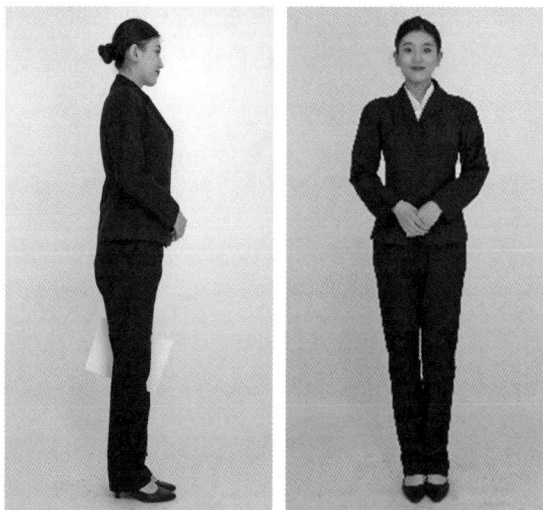

图4-8　　　　　　　　　　　图4-9

3.顶书法

身体直立，挺胸收腹，头顶上扣放一本中间打开且有一定厚度的图书，控制头顶的图书不掉落，颈部挺直，头部会有向上延伸、控制的感觉，每次训练15～20分钟（图4-10）。

4.双人练习法

身高相近的两人为一组进行训练，背靠背站立，两人脚跟相距5～6厘米，两人臀部、双肩、后脑勺尽量紧贴，每次训练15～20分钟（图4-11）。

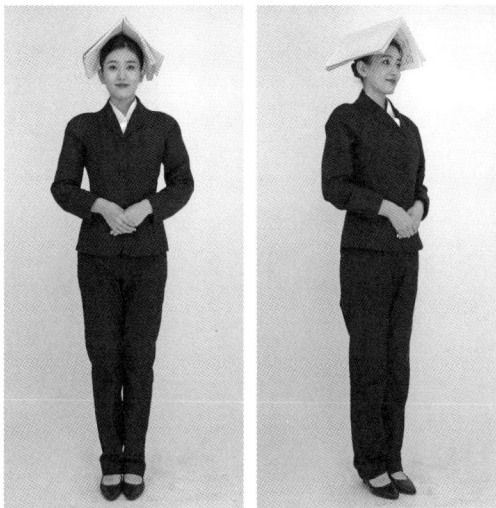

图4-10

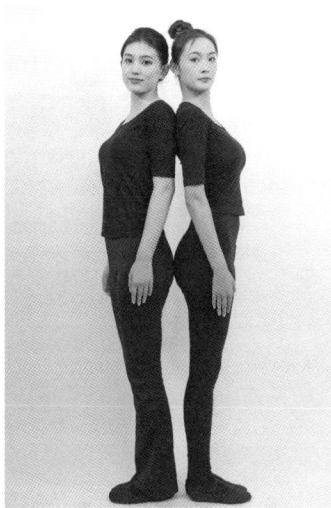

图4-11

训练时注意不能伸颈、耸肩、塌腰、双臂弯曲或不停颤抖、身体歪斜，两脚分开距离不可过大，双臂自然下垂、不要交叉。

第二节　空乘人员坐姿训练

一、女性空乘人员的坐姿

女性空乘人员在提供服务的过程中，其坐姿是非常重要的。坐姿应该体现出女性的端庄气质。这不仅是指身体的姿态，更是一种内在的修养和教养的体现。端庄的坐姿可以让人感觉到她们的专业性和对乘客的尊重，从而增强乘客的信任感。坐姿还应该体现出优雅的气质。优雅并不是指浮夸或者矫揉造作，而是一种内敛、含蓄的美。优雅的坐姿可以让人在视觉上感到舒适，同时也能够传达出女性空乘人员的良好素质和教养（图4-12）。

图4-12

（一）女性空乘人员坐姿的基本要求

1. 入座动作

入座时要轻稳且动作协调，体现出文雅的气质。

2. 面向对象

上身略微前倾，朝向服务的对象，以便更好地进行交流和服务。

3. 头部姿势

头正颈直，下颏微收，双目平视前方或注视对方，展现出专注和尊重。

4. 肩部放松

双肩平齐并放松，避免耸肩或僵硬，给人以舒适的感觉。

5. 腿部摆放

双腿应并拢，双脚向左或向右放，以保持姿态的端庄。

6. 双手摆放

双手可以平放在双膝上或叠放在一条腿的中间部位，也可以一只手放在腿上，另一只手自然放在椅子扶手上，展现出自然而不失礼貌的姿态。

7. 上身姿势

落座后，上身应自然挺直，收腹立腰，保持身体姿态优雅。在飞机滑行、起飞、下降时，必须回到自己的座位上，保持规范和安全的坐姿。

（二）女性空乘人员坐姿的具体要求

1. 标准式坐姿

标准式坐姿即双腿垂直式坐姿，适用于较为正规的场合。

具体要求：背部挺直，后背与座椅呈直角；上身与大腿面呈直角；大腿与小腿呈直角；小腿垂直于地面；双膝、双脚要完全并拢；双脚前后错开，脚尖朝前（图4-13）。

2. 后曲式坐姿

后曲式坐姿上身略向前倾，有倾听的感觉，显得谦逊有礼。

具体要求：后背直立，轻微后倾，腰部与椅背贴合，保持腰椎的自然曲度，避免过度前倾或笔直坐着导致腰部压力增加。双膝并拢，两脚掌着地、并齐，脚尖朝前。注意大腿与小腿之间的角度不可过小，大于60度为佳（图4-14）。

3. 前伸式坐姿

前伸式坐姿与标准式坐姿相

 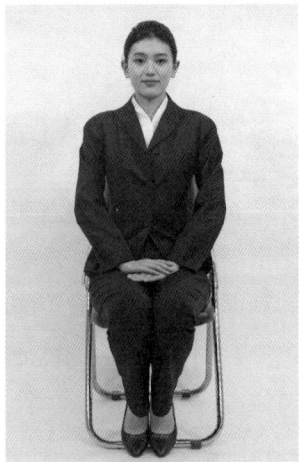

图4-13　　　　　　　　　　图4-14

比，略显轻松。

　　具体要求：后背直立，与座椅呈直角；上身与大腿面呈直角；双腿向侧前方倾斜，大腿与小腿呈约120度角；双膝并拢；双脚尖朝向侧前方。双脚并齐或外侧脚置于另一脚前侧叠加侧放。注意双脚不可前伸过长，后背不要完全靠在椅背上（图4-15）。

　　4.侧点式坐姿

　　侧点式坐姿适合于穿裙子的女性在较低处就座。

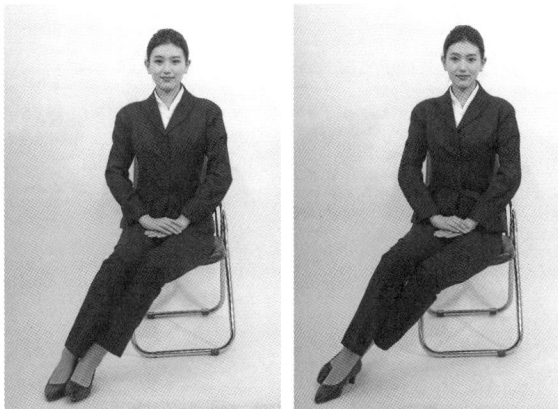

图4-15

　　具体要求：后背直立，与座椅呈直角；上身与大腿面呈直角；小腿向一侧斜放；双脚尖朝前或略向侧倾斜；倾斜后双腿贴合，双脚向侧方平移，双脚踝内侧并在一起，脚尖点地。注意双腿的倾斜角度不宜过大（图4-16）。

　　5.交叉式坐姿

　　交叉式坐姿适合于各种场合。

　　具体要求：后背保持直立，与座椅呈直角；上身与大腿面呈直角，双膝要并拢；双脚尖朝前，两小腿部位交叉摆放，双脚贴靠，自然着地。注意双脚交叉后可以微微内收，也可以斜放，但不宜向前方远远地直伸出去（图4-17）。

图4-16

图4-17

　　6.前伸后曲式坐姿

　　具体要求：后背直立，与座椅呈直角；上身与大腿面呈直角，双膝并拢；一条腿的大腿与小腿呈90度角，另一条腿的小腿向后收；双脚一前一后，脚尖朝前。注意两只脚前后在一条直线上，从正面看，两小腿之间没有缝隙，从侧面看，膝盖几乎在同一高度（图4-18）。

7.叠放式坐姿

叠放式坐姿使女性呈现内敛的姿态。

具体要求：后背与座椅呈直角；双腿上下叠放，使小腿倾斜摆放；下方脚尖点地，两小腿贴合。注意置于上面一只脚的脚尖要向下压，不要上翘（图4-19）。

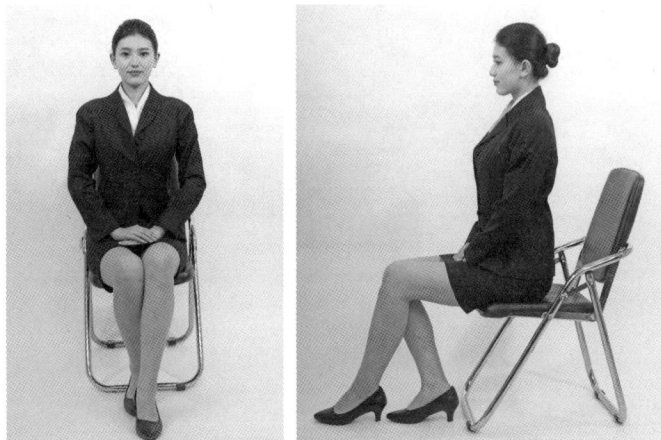
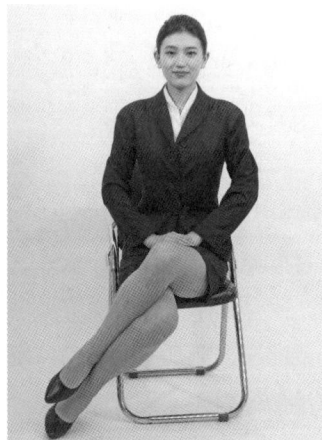

图4-18   图4-19

二、男性空乘人员的坐姿

男性空乘人员的坐姿应该展现出男性的阳刚之气、沉稳的性格以及风度翩翩的气质。在航空服务行业中，空乘人员的形象和仪态对乘客的第一印象至关重要。因此，男性空乘人员需要通过坐姿来展示出自信和专业素养。

男性空乘人员的坐姿可以选择保持挺胸抬头的姿势，让身体显得笔直有力。同时，双脚可以稍微分开，以增加稳定性和自信心。这种坐姿不仅能够展现出男性的坚毅和果断，还能给乘客带来一种安全感和信任感。

男性空乘人员的坐姿应该展现出沉稳的性格。可以选择保持身体稳定和平衡，避免频繁晃动或扭动。此外，还可以保持双手自然放在膝盖上或者交叉放在胸前，以展现出自己的冷静和沉着。这种坐姿能够让乘客感受到男性空乘人员的专业素养和对工作的认真态度。男性空乘人员的坐姿应该展现出风度翩翩的气质。可以选择保持优雅的姿态，让身体线条流畅而舒展。同时要注意细节，如保持腿部轻微弯曲，以展现出自己的优雅和修养。这种坐姿能够让乘客感受到男性空乘人员的文化修养和绅士风度（图4-20）。

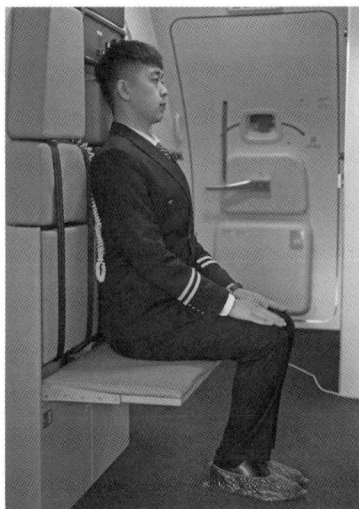

图4-20

（一）男性空乘人员坐姿的基本要求

在航空服务行业中，男性空乘人员的坐姿不仅是个人形象的体现，更是职业素养和服务质量的一部分。

以下是男性空乘人员在坐姿上需要遵守的基本要求。

男性空乘人员在坐下时，应保持背部挺直，不要弯腰驼背，以展现出专业和自信的形象。双脚应平放在地面或脚踏上，避免交叉腿坐或悬空脚坐，这样不仅有助于保持良好的血液循环，也体现了稳重的性格。在坐下时，膝盖应该轻轻并拢，避免双腿张开过大，这样可以避免给他人留下不专业或不雅观的印象。

手臂可以自然放在大腿上或椅子扶手上，避免手臂悬挂或做出大幅度的手势而显得过于随意。坐着时应保持腿部静止，避免摇晃腿部或频繁变换姿势，以免影响乘客的舒适度和自身的专业形象。头部应保持直立的姿势，避免低头或左右摇晃，这样可以确保与乘客交流时的眼神接触，体现出尊重和专注。

在使用座椅时，应遵守航空公司的规定，正确使用座椅的安全带和其他设备，在确保自身安全的同时，也是对乘客负责。即使在休息时，也应保持一定的警觉性，随时准备应对可能发生的紧急情况，体现出职业的责任感。

通过遵守这些基本要求，男性空乘人员不仅能够维护良好的职业形象，也能够为乘客提供更加舒适和专业的服务。

（二）男性空乘人员坐姿的具体要求

1.直立式坐姿

直立式坐姿是最为常见的坐姿，正襟端坐适用于正规场合。

具体要求：腰背挺直与座椅呈直角；上身与小腿、上臂垂直于地面；双腿分开与肩同宽，双脚尖稍向外。注意双腿不要分开过大，双膝不要并拢（图4-21）。

2.叠放式坐姿

叠放式坐姿适合男性在非正式场合采用，是一种尽显男性优雅气质的坐姿。

具体要求：腰背挺直，与座椅呈直角；上身与大腿面呈直角；两条腿在大腿部分叠放，位于下方的小腿支撑于地面，脚掌着地；位于上方的小腿向内收，脚尖下压。注意两腿叠放时，位于上方的一条腿不要晃动或抖动（图4-22）。

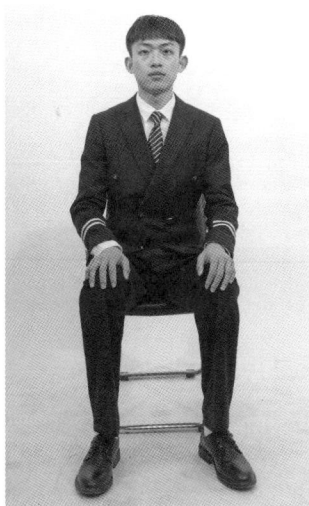

图4-21

图4-22

3.曲直式坐姿

具体要求：腰背挺直，与座椅呈直角；上身与大腿面呈直角；一条腿垂直于地面；另一条腿的小腿向后收，使其与大腿呈约60度角；双脚尖朝前并稍向外。注意双膝无须靠拢，以自然分开为宜（图4-23）。

三、坐姿礼仪

无论哪一种坐姿，都应遵循一定的礼仪规范与要求，具体要求如下。

（一）入座

首先，确保仪容仪表整洁，制服干净并且穿戴得体，这是展示专业形象的基础。在接近座位时，应保持身体挺直，步伐稳健而不失优雅。避免步伐急促或拖沓，以免显得不专业。

图4-23

坐下之前，先观察座位周围是否有其他乘客或物品，确保不会妨碍到他们。轻轻将臀部放在座位边缘，然后缓缓坐下，避免突然坐下造成声响或不适。

（二）就座

坐稳后，双腿应并拢或者轻微分开，保持膝盖和双脚平行，不要交叉双腿或摇晃腿部，以免影响他人。背部应挺直靠在座椅靠背上，保持自然的坐姿，不要过于僵硬或懒散。

双手可以放在大腿上或者自然放在身体两侧，避免不必要的手势动作。头部保持直立，平视前方，不要低头或四处张望，以免给人留下不专注的印象。

在需要调整座位或安全带时，动作要轻柔有序，避免突兀或粗暴的行为。在整个入座过程中，保持微笑和友好的面部表情，展现出亲切和专业的服务态度。

（三）离座

当离开座位时，应保持直立，不要弯腰驼背。双手应自然放在身体两侧或者前方。走路时应保持稳定的步伐，不要过快或过慢。脚步应轻盈，避免发出过大的噪声。在离座过程中，应保持视线向前，避免左右张望。面部应保持微笑，展示友好和热情的态度。应注意避让乘客，先采取合适的动作和语言，然后站立起身示意离开座位。避免与乘客发生碰撞。在离开座位时，应先确保座位上方的行李柜已经关闭，然后轻轻地将座椅向后调整，避免影响到后方的乘客。

四、坐姿的训练方法

坐姿训练可以采用两人一组练习方法，便于提供即时的反馈和纠正，帮助双方更好地理解和改进自己的坐姿。通过观察对方的坐姿，更容易发现并纠正自己可能忽视的问题。

镜前训练，能够清晰地看到自己的坐姿。这有助于训练者更好地调整自己的身体姿势，确保符合坐姿的要求。

（一）背对训练

站在座位前方，面向座位，从腰部开始转动身体，使背部朝向座位。

转身时要保持平衡，避免摇晃或突然的动作，在转身后，轻轻往后退半步，确保有足够的空间坐下。

缓缓地坐在座位上，注意不要让膝盖超过脚尖，保持腿部的优雅姿势。

坐下后可以稍微调整位置，确保身体舒适且保持正确的坐姿。

（二）面对训练

站在座位的左侧，与座位平行。

从左腿开始，向前迈出一步，这一步可以帮助调整身体的方向。右腿跟上，使两腿并拢。

身体向后转，面向座位。确保双腿并拢，站在座位前方。将后脚向后退半步，为入座留出空间。

入座时用大腿的力量，平稳地坐在座位上。

（三）端坐姿势

基础要求：背部直但不僵硬，靠在座椅的靠背上，双脚平放在地上，膝盖与脚踝保持垂直。微笑，展示友好和热情的态度。双眼平视前方，避免左右张望。

性别差异：男性要求双腿稍微分开，但不要过宽，手可以放在大腿上或两侧；女性要求双腿并拢或轻轻交叉，手可以放在大腿上或两侧。

练习方法：反复练习入座和起身的动作，确保每次动作都平稳、流畅；在镜子前练习，观察自己的坐姿是否符合标准。

注意事项：避免长时间保持同一姿势，每隔一段时间稍微调整坐姿。练习时注意身体的舒适度，避免因为过度强调姿势而造成身体不适。

（四）坐姿的腿部造型训练

1.男性训练

双腿稍微分开，与肩同宽。然后，缓慢地将双腿合并，回到初始位置。这个动作可以帮助男性空乘人员在坐下时保持舒适和专业的姿势。

2.女性训练

（1）小叠步：一只脚放在另一只脚的上方，轻轻交叉。这个动作可以帮助女性空乘人员在坐下时保持优雅的姿势。

（2）平行步：双腿并拢，脚尖稍微向外。这个动作可以帮助女性空乘人员在坐下时保持专业的姿势。

（3）丁字步：一只脚放在另一只脚的侧面，呈T型。这个动作可以帮助女性空乘人员在坐下时保持优美的姿势。

3.训练要点

所有的动作都要求平稳轻快，避免任何急促或不雅观的动作，动作要自然大方，不要过于刻意，这意味着在做这些动作时，应该流畅且不做作。

定期练习，以确保在实际工作中能够自如地完成这些动作。

4.注意事项

练习时，可以站在镜子前观察自己的动作，确保其符合标准，如果感到不适或疼痛，应立即停止练习，并寻求专业人员指导。

这些坐姿训练方法可以帮助空乘人员改善坐姿，塑造形象和提升专业度。为了获得最佳效果，建议在专业人员指导下进行训练，以确保掌握正确的技巧和姿势。

第三节　空乘人员走姿训练

一、走姿的基本方法和要求

空乘人员的走姿是职业培训中的一个重要方面。以下是空乘人员走姿训练需要遵循的基本方法和要求。

（一）起步时

在开始行走时，保持膝盖处于放松状态，不要过度紧张或用力。这样可以减轻腿部肌肉的负担，让训练者的行走更加轻松自如。要自然地抬起脚跟，这意味着训练者的脚掌应该先着地，然后逐渐向前滚动到脚尖。这种行走方式可以有效地分散身体的重量，减少对关节的冲击，同时也有助于保持身体的平衡和稳定。

（二）上步时

双膝自然地接触在一起，双腿会形成一个轻微的弯曲角度，但不要过度弯曲或伸直膝盖。脚的内侧在一条线上，意味着脚尖和脚跟应该在同一条直线上，而不是向内或向外倾斜。脚步平稳，不要过于用力或过轻。同时，保持膝盖接触，并和脚的内侧对齐。

（三）落地时

在脚掌着地时迅速伸直膝盖，这样做有助于保持身体的稳定和平衡。前脚掌是最先接触地面的部位，利于控制身体的重心，并减少对膝关节的冲击。当训练者的脚掌着地后，训练者的重心会自然地向前移动。这是因为重心总是倾向于向支撑体重的方向移动。通过重心向前的移动，可以更好地保持身体的平衡，并准备好迈出下一步。

（四）平衡

行走时要确保上身直立，不要摇晃或倾斜。这有助于提高身体的稳定性和平衡能力。保持双肩平行是保持身体平衡的重要一环。在行走时，要确保双肩处于同一水平线上，不要一高一低，这样可以帮助身体保持平衡，并减少不必要的压力和不适感。要保持肩膀的放松状态，过度紧张的肩膀会影响身体的平衡能力。可以通过深呼吸和放松肌肉来缓解肩膀的紧张感，使肩膀处于自然放松状态。双手在身体两侧前后自然摆动，形成一条直线，约为45度。

（五）行走过程中

迈步时胯部向前送力，不要左右摆动，注意出胯时，胯部立住，不能坐胯。走姿因衣着和场合的不同，稍有不同的动律。如着正装时更加端庄稳重，着运动装时可稍显活力。

二、走姿礼仪

航空行业中，空乘人员是航空公司的形象代表，言行举止直接影响到乘客对航空公司的印象。其中，走姿礼仪是非常重要的一环。空乘人员在行走时，应考虑不同的场合，展现出得体、优雅的走姿。空乘人员在登机口迎接乘客时，应保持微笑，步伐稳健，步速适中，以自信、热情的态度迎接每一位乘客，让乘客感受到航空公司的专业和友好。同时，走姿也应展现出专业的形象，避免出现摇摆、蹒跚等不雅观的动作。空乘人员在飞机上工作时，应保持轻盈、灵活的步伐，需要快速、准确地走到乘客身边，提供所需的服务。在这种情况下，走姿应更加轻盈，避免出现沉重的脚步声，以免打扰正在休息的乘客。空乘人员在处理紧急情况时，应保持冷静、果断的步伐，需要快速地走到现场，稳定乘客的情绪，提供必要的帮助。在这种情况下，走姿应更加坚定，展现出专业和决断的形象。空乘人员在与乘客交流时，应保持礼貌、尊重的步伐，需要走到乘客面前，与乘客进行面对面的交流。在这种情况下，走姿应更加礼貌，避免出现急促、冲动的动作。

三、走姿的训练方法

（一）原地模拟训练

直立姿势，双膝交替放松练习，做动作过程中保持头部的高度不变。脚跟交替离地练习，双脚横向分开，与肩同宽，双腿伸直，通过提胯，脚跟交替离地，同时保持头部的高度不变。双臂自然摆动，手脚配合练习。

（二）原地踮脚尖训练

双手叉腰，双脚并拢，保持身体直立。慢慢地将身体的重心转移到脚尖上，同时伸直膝盖，尽可能地抬高脚跟，使身体处于一种踮起的状态。在达到最高点时，可以稍微停顿一下，然后缓慢地使脚跟落地，回到初始位置，重复练习（图4-24）。

（三）快走训练

快走是一种中等运动强度的行走方式，可以帮助提高心肺功能和燃烧更多的卡路里。快走时，应感到心率加快，但仍能够进行正常对话。快走的关键在于保持较快的步伐，但不至于变成跑步。

（四）坡度行走训练

利用坡道进行走姿训练。上坡时，会加强腿部肌

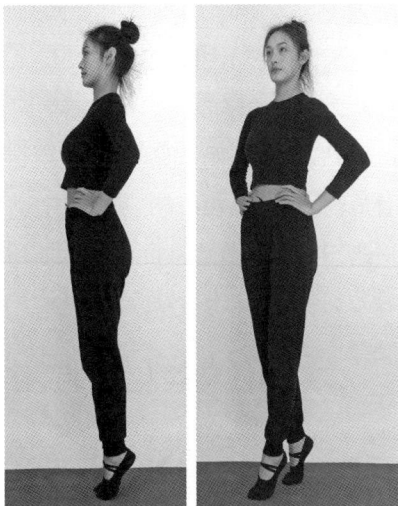

图4-24

肉的力量，下坡时则可以练习控制和平衡。坡度行走可以增加训练的难度，适合那些寻求更高挑战的人。

第四节　空乘人员蹲姿训练

一、女性空乘人员的蹲姿

（一）女性空乘人员蹲姿的基本要求

保持身体平衡，在下蹲时，确保身体的稳定性，避免突然晃动或失去平衡。蹲下时，应该尽量使双膝并拢，可以保持身体的线条美感，也显得更加得体。在蹲下时，保持背部挺直，避免弓背或过度前倾，维持良好的体态。

平稳下蹲，在下蹲过程中，动作要平稳有序，避免急促或生硬的动作，以免造成不稳定或不雅观。穿着合适的鞋子，保持蹲姿的稳定性和舒适度，最好是平底、防滑的鞋款。注意服装仪容，蹲下时，要注意服装的衣领、裙摆等处的位置，确保不会因动作而暴露不适当的部位，塑造良好的职业形象。

（二）女性空乘人员的常见蹲姿

空乘人员在服务的过程中，应根据不同场景的需求采用不同的下蹲方式，女性常见的蹲姿如下。

1.高低式蹲姿

站姿状态下，在双手侧放式站姿的基础上，一只脚后退半步，重心后移，身体下蹲，双脚一前一后错开。前脚着地，后脚跟抬起，膝盖一高一低，两腿内侧紧靠，臀部向下（图4-25）。

2.交叉式蹲姿

站姿状态下蹲，双脚一前一后，前脚掌着地；后腿的膝盖贴着前腿的膝盖窝，同时后脚跟抬起，两腿靠紧，臀部向下，两腿合力支撑身体，上身保持直立（图4-26）。

图4-25　　　　　　　　图4-26

二、男性空乘人员的蹲姿

（一）男性空乘人员蹲姿的基本要求

在航空服务行业中，男性空乘人员在履行职责时，尤其是在采取蹲姿提供服务或处理事务时，需要遵守一定的基本要求，以确保专业性。当男性空乘人员需要蹲下时，应保持身体的平衡和稳定。应使用膝盖和腿部的力量来降低身体，避免突然下降或失去控制，这可能会导致不稳定或意外伤害。男性空乘人员在蹲下时应该注意自己的着装，确保服装不会过于紧绷或裂开，影响整体的仪表。同时，应确保衬衫、裤子等衣物在适当的位置，避免暴露不适宜的部位，以维持专业的外观。保持背部挺直，避免弯腰驼背，有助于展现出空乘人员的专业形象和良好的体态。表现出友好和尊重，目光平视乘客，传递出积极和专注的服务态度。

通过正确的蹲姿，男性空乘人员不仅能够提供高效的服务，还能够展现出航空服务行业的专业水准和对乘客的关怀。

（二）男性空乘人员的常见蹲姿

男性空乘人员在服务过程中，常用高低式蹲姿，具体要求如下。

男性在选用这一方式时往往更为方便。下蹲时，双腿不并排在一起，而是左脚在前，应完全着地，小腿基本上平行于地面；右脚稍后，脚掌着地，脚跟抬起。右膝低于左膝，右膝内侧可靠于左小腿内侧，形成左膝高、右膝低的姿态。臀部向下，左腿支撑身体（图4-27）。

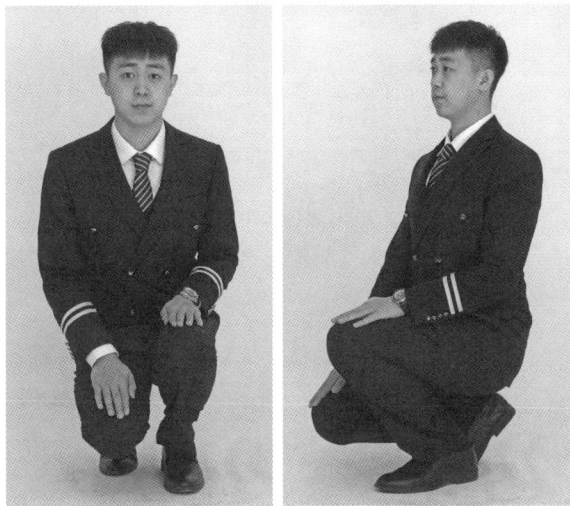

图4-27

三、蹲姿礼仪

女性空乘人员应先整理裙裾再下蹲。预备下蹲前，一只脚向后退，从腰部以下开始，从上到下轻轻捋顺裙裾，使上衣边缘或裙子不外翻或翘起，同时身体做下蹲的动作，应注意其他部位的衣物或皮肤外露符合标准。

空乘人员正常下蹲时应侧身面对他人，不可正面直接对人，如果周边没有其他人，也不要直接弯腰、直腿去蹲下或弯腰拾物，蹲下后，双腿要紧靠，不可左右分开。无论遇到多么紧急的事情，都不能突然蹲下，应稳稳地蹲下，稳稳地站起，从容地完成服务环节。

男性空乘人员在下蹲时，应注意身边人的感受。当捡拾物品时，应避免近距离接触他人，尤其是女性；当有着裙装的异性在身边时，应选择避开。

四、蹲姿的训练方法

空乘人员应该有意识地、主动地、经常性地进行标准蹲姿训练，形成良好习惯。可以通过压腿、踢腿、活动关节等方式加强腿部膝关节、踝关节的力量和柔韧性训练，这是呈现优美蹲姿的基础。平时练习蹲姿时，可以配以优美的音乐，放松心情。

（一）徒手深蹲

前伸胳膊保持平衡，挺直腰背。保证膝关节和脚尖处于同一方向，不要过度内扣或外旋膝盖。臀部向后下蹲，想象臀部后面有个凳子，要坐上去。尽量蹲深，蹲到大腿平行于地面或平行面以下（图4-28）。

（二）面壁蹲

面向墙壁，双脚并拢，肩部放平，脚尖接触到墙面，双手自然下垂。缓慢下蹲，大腿与小腿紧贴，下蹲到极限位置以后缓慢站起身，下蹲和站立的过程中要正视前方，头部不能扭动。在最开始训练时，下蹲和起身时可以伴随呼气和吸气，进行10~15次训练，领略主要动作技巧和要领（图4-29）。

图4-28

（三）靠墙蹲

背靠墙站立，保持上半身笔直，双脚与肩部平齐，脚尖向外，不能有内八字或外八字。小腿与地面垂直，在下蹲过程中确保大腿与小腿的夹角大于90度，并保持匀速下蹲。身体重心放在脚部，膝关节与脚跟要保持垂直，且不能超出脚尖。背靠墙壁，让头部与墙壁紧贴，不能出现弯腰驼背的现象。持续以上动作20秒以后，肌肉会出现酸痛发胀的感觉，直到坚持不住以后再站立起来，休息一会后继续靠墙蹲训练，每次训练周期为15分钟（图4-30）。

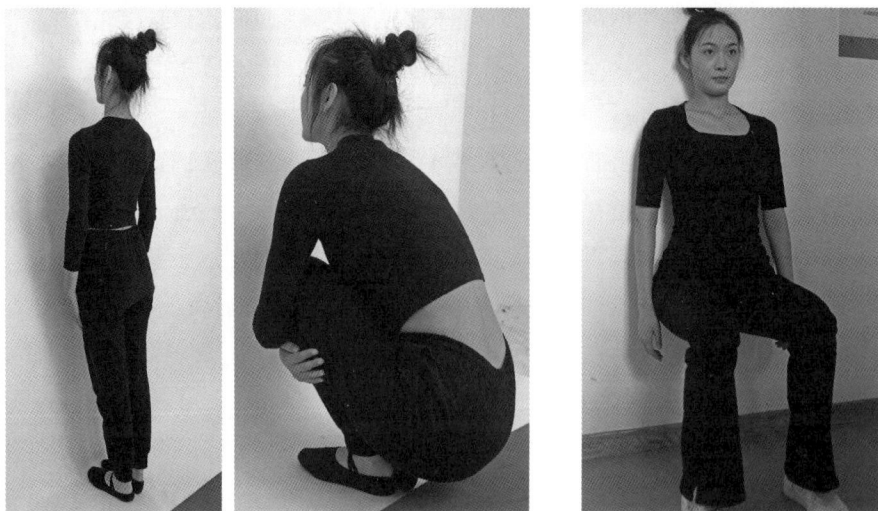

图4-29

图4-30

（四）弓步蹲

左脚前出，右脚尖触地，两腿弯曲呈弓形。身体重心要放在两脚的中间，每次练习30秒以后，左、右脚转换一次。下蹲的过程中不要刻意追求动作要领，要量力而行，训练强度不宜过大，要合理安排训练强度和频率（图4-31）。

图4-31

第五节　空乘人员气质训练

一、气质的概念与特点

根据高级神经活动的理论和人类特有的第二信号系统，可以通过建立条件反射过程的原理，使人的气质、身体素质向着更美好的方向转变。虽然从心理学角度来看，气质是天生的，受先天因素影响较大，但应当明确气质不是一成不变的，通过后天的训练与培养，可以提升人的气质，成就人的气质美。

二、形体训练与气质培养

从表面上看，形体训练是对人的生理特征进行训练，实际上它可以开发和锻炼人的心理特征。通过形体训练，人的身形体态会变得更加优美，同时，欣赏和表现美的能力也会得到提升。

人的姿态和身体状态的线条是形体训练课的主要培训内容，其理论基础是人体科学，以人体原始形体形态的改善为初始目的。但在实践中，形体训练还可以促进人的生命力、表现力及精神力的增强，其训练学习的方式是由内及外、循序渐进的。换言之，坚持形体训练的个体，其心理健康状态会不断优化，其审美能力也会得到相应的强化，进而提升自身气质。因此，只有加强对实践的重视，融合表现性、综合性和艺术性，具有丰富的艺术内涵，包括服饰学、美学等，有效提高人体的柔韧性和强化肌肉的力量，能够将机体多余的脂肪消除，并向外呈现出高雅的气质和优美的形体的形体教学才是优秀的形体教学。当内在的美感通过训练向外显现时，气质和形体训练就产生了联系。

三、气质美的训练

气质训练的目标是成就人的气质美。就空乘专业人员而言，沉稳、细心和有胆识是必备的气质要求，提升空乘人员气质的训练方法多种多样，如仪态训练、妆容服饰和职业气质培养等。仪态训练包括在前文已经详细论述的体态训练，如站姿、坐姿、走姿、蹲姿的训练，还包括礼仪训练，如微笑训练、心理素质训练等。这里侧重于微笑训练、心理素质训练、妆容服饰与职业气质培养四个方面，简单介绍空乘人员提升自身气质的方法（图4-32）。

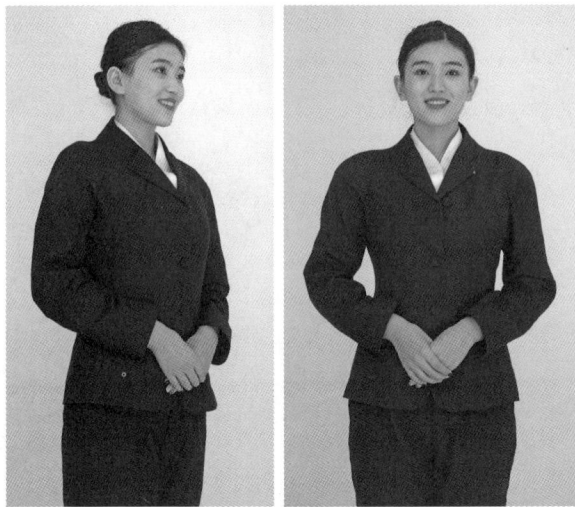

图4-32

（一）微笑训练

礼仪是民众在交际行为中基于时代趋势、历史传统与宗教信仰等层面而产生的，不仅受到民众的肯定，还被民众严格遵循，是旨在让互相之间的关系更加融洽、与交际相匹配的相应准则与要求的总和。空乘人员职业礼仪属于特定的行为规范，是从事空乘行业的人员在日常工作中需严格遵循的一种规范，详细来看，即空乘人员在日常工作中实施的服务相关行为，如与乘客之间的交流、迎接旅客登机、为乘客提供个性化服务等，由此构建的特定行为规范。其中，甜美微笑与强大的心理素质是该职业礼仪素质的主要表现。

1. 微笑基本要求

笑和气质、神情等有机融合，笑和举止表现相融合，笑时应当大方，笑和语言融为一体，明确笑的良好契机与保持微笑的原则，尊重其他人，用平等的态度对待他人，服务应当热情等。

2. 微笑八大原则

（1）主动微笑原则。空乘人员一般会经过长期的专业训练，专业水平比较高，其与乘客的目光接触时，应主动微笑，再对乘客表示欢迎，与乘客进行交流，可以给乘客留下良好的印象。同时，营造融洽和谐、有利于自身服务水平提升的氛围，还可能获得乘客的热情回应。

（2）自然大方微笑原则。空乘人员笑的时候应当自然、大方，保持适宜的热情态度，眉开眼笑是比较好的状态，这样才能让服务看起来更加大方、真诚，让人觉得十分亲切，为乘客营造宾至如归的气氛。不能给人十分生硬的感觉，不要有浓厚的表演痕迹，会让乘客觉得空乘人员比较假，缺少诚意。

（3）眼中含笑原则。通常情况下，可以通过一个人的眼睛看出其是否真诚，其微笑是否真的代表高兴。因此，空乘人员在微笑时应当做到眉眼含笑，要让乘客感觉到是十分真诚的。

（4）真诚微笑原则。空乘人员的微笑应是从内心流露出来的，表达了对乘客的欢迎，充分展现了这一职业的良好礼仪。所以，微笑应当全面体现自己的诚意，真心欢迎各位乘客，并通过这一方式提升乘客的体验，让双方都感受到与他人交流的愉悦感。在飞行途中，乘客的心情会维持在开心的状态，这对配合空乘人员的工作有良好的作用。

（5）健康微笑原则。微笑须是大方、真诚、健康的，自己状况欠佳时，就算有微笑，也会让人觉得尴尬。空乘人员下班之后，应当有效提高自己的身体素质，积极进行运动锻炼，健康的身体是基础条件。

（6）最佳时机的维持原则。空乘人员的目光和旅客在刚一接触时，应主动微笑，这时空乘人员的目光应当是平视前方，在与乘客对视时，应当自信大方，不要给对方留下腼腆的印象。微笑保持的时间不能多于3秒，时间太长会让乘客觉得不真诚，给人留下没有礼貌的印象。

（7）一视同仁原则。乘客来自五湖四海，有非常显著的差别，但来者皆是客，应当用平等的态度对待每一位旅客，不能以外表的不同对乘客进行区别对待。

（8）习惯微笑原则。从空乘人员的角度来看，微笑应当是比较自然的表情，可以有意识地对大方自信的微笑进行培养，不能被心情左右，开心了就微笑，伤心了就笑不出来；应养成一到岗位上就可以将自己的负面情绪抛到九霄云外的习惯，热情积极地为乘客提供良好的服务。养成微笑的习惯，才能有效提升空乘服务的质量。

3.标准微笑的培养

空乘人员在练习微笑的时候要关注以下方面。①额肌收缩，眉位提高，眼轮匝肌放松；②两侧颊肌和颧肌收缩，肌肉稍隆起；③两侧笑肌收缩，并略向下拉伸，口轮匝肌放松；④嘴角含笑并微微上提，嘴角似闭非闭，以不露齿或仅露不到半牙为宜；⑤面含笑意，但笑容不显著，使嘴角微微向上翘起时，让嘴唇略呈弧形；⑥注意不要牵动鼻子，不发出笑声；⑦注意自己的口型和面部与其他部位的配合，要注意声情并茂、气质优雅、表现和谐，使眉、眼、神情、姿势能协调行动。微笑的同时，目光柔和发亮，双眼略微睁大，眉头自然舒展，眉毛微微向上扬起。

4.微笑训练的方法

（1）镜子练习。站在镜子前，观察自己的面部表情。尝试慢慢地微笑，注意嘴角的上扬和眼睛的表情变化。保持微笑几秒，然后放松。重复这个过程，直到你觉得微笑自然而舒适。

（2）含筷法。挑选一根干净、表面光滑的圆柱形筷子，横放在嘴中，具体位置为上下牙齿之间，使筷子与牙齿有一定的接触面积。在这个过程中，要注意保持筷子的水平状态，用牙齿轻轻咬住（含住）筷子（图4-33）。

（3）微笑维持练习。尝试保持微笑一段时间，比如30秒或更长。这项练习有助于增强面部肌肉，使你能够更容易地保持微笑。

（二）心理素质训练

心理素质训练是一种专门针对个体心理承受能力、应对压力的能力、情绪管理能力以及自我调节能力等方面进行培养和提升的系统化训练。这种训练旨在帮助空乘人员在面对工作、生活中的各种挑战和困难时，能够保持冷静、理智的态度，有效地应对和解决问题。

1.良好心理素质的体现

（1）情绪控制能力。该能力主要涉及如下层面：①合理了解与描述自己情绪的能力；②及时调整自己情绪的能力。在飞行流量比较大时，一些空乘人员能够做到从容淡定、不焦躁，有良好的心理素质；一些空乘人员没有强大的心理素质，遇到紧急状况就像热锅上的

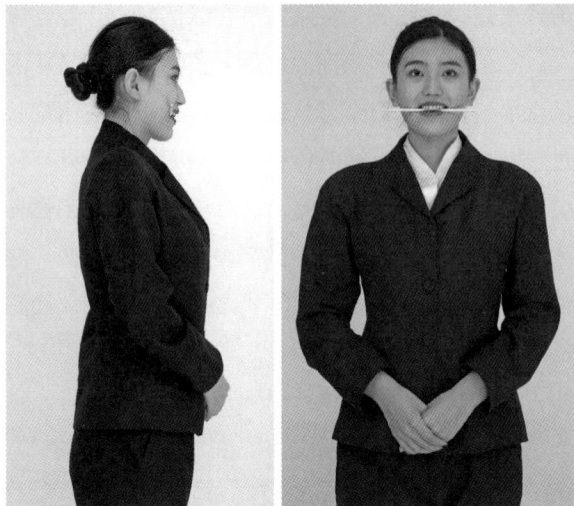

图4-33

蚂蚁一样，不够冷静，经常顾此失彼、手足无措。在飞行流量小时，没有良好的情绪管理能力的空乘人员没办法集中精力，情绪极易被其他事情左右。

（2）沟通协调能力。若空乘人员比较敏感、内向且孤僻，那么，其沟通协调能力要远低于友善、大方与开朗的空乘人员，这两种个性的人员就如同两个极端一样。

（3）语言表达能力。空乘人员应具备较强的语言表达能力，这是与乘客交流互动的核心。只有具备良好的沟通能力，才能为乘客提供高效、温馨的服务。

（4）良好的意志品质。首先，自我激励。不管在什么情境下，都有调动主观能动性、激发积极性的思想意识，只有这样，才能增强自信，用乐观的心态面对一切。其次，有强烈的求知欲与良好的工作积极性。一个人无论身处什么境地，倘若没有兴趣做某项工作，那么，他就丧失了干好这份工作的动力。就算被迫做这项工作，其动力与积极性也严重不足，不利于工作质量的提升。反之，某人干的工作是其十分感兴趣的，就算在做这项工作的过程中会遇到许多难题，也会尽可能化解难题，干好这项工作。

2.良好心理素质的培养

通过心理素质的诠释发现，其大致展现在性格、情绪、气质与意志等层面。实际上，在大量品质中，人的坚忍品质是最关键的。那么，坚忍是什么意思呢？就是坚持和忍受。详细来看，是不会被自身思想情绪影响，"不以物喜、不以己悲"，不会受到外部环境的制约，会坚定冷静地干好自己的工作。不将希望寄托在别人身上，不会依赖奇迹的出现，不甘平庸，讲究诚信，勇敢担负起实现既定目标的职责。

（1）学会克制自己的情绪。空乘人员在提供服务时，可能会接触到一些素质不高、蛮不讲理、说话粗鲁的乘客，特别是航班延误的时候。此时，空乘人员必须努力管控自己的情绪，应当用平和、真诚的态度对待所有乘客。

（2）要正确地认识自己和肯定自己。自卑主要来自以下层面：首先，没有成功的体验；其

次，评估不够公正公平；最后，自我评估出现偏差。为了克服自卑心理，需要具备战胜自我的勇气，但应当充分了解自己，这是战胜自我的基础。可以树立特定的目标，有自信，坚信自己可以做到，还需对自己进行准确的评估。

（3）克服自己的惰性思想。应当积极地付诸行动，不能只是"语言上的巨人、行动上的矮子"，惰性就如同"千里之堤，溃于蚁穴"一样，有非常严重的后果。因此，要及时应用合理的方式，将惰性清除。例如，在做某件事没有兴趣但又必须要做的时候，建议许一个承诺，太早放弃是不合理的，可以先干15分钟，然后斟酌是否要坚持到底。一般干了15分钟之后，会认为再干15分钟也不是难事，是可以做到的。同理，在日常生活中，集中精力过好每一天，不要为未来担忧。因此，训练者应当摒弃懒惰思想，特别是空乘人员，需与惰性斗争到底。

（4）良好心理素质的标准。①有良好的适应能力。②对自己有全面的了解，科学、合理地评估自己当前的能力。③不与实际环境相分离。④通过经验进行学习。⑤可以正确地处理人际关系。⑥能有效管理自己的情绪。

（5）多与人打交道。心理素质欠佳的表现之一，就是在与陌生人交流互动时比较恐惧、担忧。空乘人员需敞开胸怀，无论在现实世界中看到的是美好的一面，还是差的一面，都要用平和的心态对待，只有如此，才能不断提升自己的交际能力，优化自己适应陌生环境的能力，以此锻炼出强大的心理素质。空乘人员有了良好的心理素质，在服务乘客时才不会手足无措，会灵活地应对每位乘客的要求，没有了紧张感，失误也会显著减少。

（三）妆容服饰

1.男性空乘人员的面容要求

在对男性空乘人员的面容要求中，最基本的标准包括以下几点（图4-34）。

（1）面部皮肤：男性空乘人员需要有健康的皮肤，没有明显的皮肤病或者疤痕。皮肤应该保持清洁，没有油腻感。

（2）眼睛：眼睛应该清晰明亮，没有红眼、沙眼等眼部疾病。视力应该在正常范围内，没有近视、远视等问题。

（3）鼻子：鼻子应该端正，没有明显的鼻型缺陷。没有鼻炎、鼻塞等鼻部疾病。

（4）嘴唇：嘴唇应该红润，没有唇裂、唇炎等口腔疾病。牙齿应该整齐洁白，没有龋齿、牙周病等问题。

（5）耳朵：耳朵应该干净，没有耳垢积累。听力应该在正常范围内，没有耳聋、耳鸣等问题。

（6）面部表情：男性空乘人员应该有亲和力，面部表情自然，能够与乘客进行良好的沟通和交流。

图4-34

（7）胡须：如果有胡须，应该保持整洁，不能过长，以免影响工作。

以上标准不仅有助于空乘人员展现良好的职业形象，还能够提高乘客的舒适度和满意度。

2.女性空乘人员的妆容训练

女性空乘人员的气质端庄、优雅，富有女性魅力。这种兼具时尚与职业性的端庄气质除了其自身的身材、形体、长相等因素外，还与其特殊的妆容有关。

（1）女性空乘人员在执行飞行任务时，妆容要优雅、清新、自然。一些简单的化妆方法如下。

①先用洁面膏清洁皮肤，然后用粉底霜改善面部肤色。

②在化眼妆时，先从内眼角到外眼角涂抹眼影粉，从眼皮开始，在眼皮的折叠线以下，使用柔和的颜色，如淡紫色或棕色，最后用海绵球将眼影粉的边缘展开，显得色彩柔和。

③用眼线笔勾出与眉毛下眼影相协调的眼线，然后用深棕色、灰色或黑色的眼线笔在上眉毛根部轻轻画一条虚线，再用潮湿的小刷子将这些假想点刷成柔和的线条。在睫毛末端涂上棕色或黑色的睫毛膏，先从里到外，再从下往上涂。

④在涂胭脂前，对镜微笑，将胭脂涂在凸起的脸颊上，然后用手指轻轻拍打至眼角，会产生自然红润的效果。

⑤工作妆永远不要浓妆，口红也不要太鲜艳的红色。在飞行过程中随时注意化妆，保持精神状态饱满。

（2）女性空乘人员在修饰脸型时要注意卫生问题，保持脸型健康，防止因不卫生导致面部凹凸不平或长满痘痘。

（3）注意局部面部装饰，保持眉毛、眼角、耳朵和鼻子的清洁，不要在公共场合擤鼻涕或挖耳朵。

（4）注意口腔卫生，坚持刷牙、洗牙，登机前一天不吃有味道的食物。

（5）注意手部的美化，时刻保持手部和指甲的清洁，养成勤洗手的好习惯，经常在手上擦润肤霜保持手部柔软，养成勤剪指甲的好习惯，指甲不要留太长，避免使乘客产生不卫生的感觉。

3.衣着

服装是人体的外包装，包括上衣、裤子、裙子、帽子、袜子、手套等。服装是一种无声的语言，它体现了一个人的个性、身份、涵养和心理状态，直接代表了一个人的性格。空乘人员一定要注意个人着装，这关系到个人形象和航空公司的形象。空乘人员制服由知名服装设计师设计并量身定制，既时尚优雅，又大方端庄。尤其是女性空乘人员的制服，有的航空公司还会选择传统旗袍为样本，充分体现东方女性的曲线和韵味。

空乘人员每天都要清洗制服，仔细将裙角、裤线、衬衣线等熨出来；登机前，确保制服熨平，不得有皱褶、破损、污渍、异味；在飞机上，必须遵守航空公司关于服装的规定，在飞行时按规定着装；工作时，空乘人员的制服必须始终保持干净整洁，可以给乘客带来清新、舒适的感觉。

（四）职业素质培养

1.培养内在美及语言美

精神世界的美与丑是形成气质的内在根源。只有具备良好的情操，风采才会更加迷人。拥有美好气质的关键因素是良好的道德品质修养。内在美是外在美形成的基础与前提，而内在美的产生不是一蹴而就的，要经过长期坚持不懈地努力，需经历从量变到质变的过程，只有对道德品质与思想文化进行提升，才能对内在美有很好的培养。坚持科学的理想信念，这是拥有气质美的基础。不断努力的方向与灯塔就是明确的理想信念，可以使人积极向上、充满活力、生机勃勃。只有保持坚持不懈的毅力，向着理想目标不断前进，才能不断提升精神境界，树立崇高的人格。应优化道德品质，一个人是否被他人认可的评估标准之一，就是道德品质是低下还是高尚。道德高尚的人比较真诚、友善，可以赢得他人的尊重与理解，包括热爱科学、有团结精神、热爱祖国和人民、严格遵守相关制度政策、有吃苦耐劳的品质等，这些都是道德高尚的典型代表。

语言不仅可以反映一个人的心灵，还可以展现一个人的学识水平与道德品质，空乘专业的学生应当努力提升自己的语言能力，让自己的语言更有魅力。语言应当是健康的，用语言描述的内容应当积极端正与高尚。良好的语言来自健康的心灵，一名道德品质良好、有崇高志向的学生会反感粗俗的语言内容。语言的内容健康，语言表达才会美好。语言应当文雅，应有相应的艺术性。语言是沟通的纽带，正确高雅的语言能将误会与偏见及时消除，让人与人之间的关系更加和谐。语言应当有深刻性，与人沟通互动时，应当体现出深刻性，具有独特的见解，不能说没有任何意义的大话、空话。

2.培养鲜明的个性和兴趣爱好

培养鲜明的个性，展现美好的气质，不仅体现在外在的仪表和言谈举止上，更反映在独特的个性特征中。在当今社会，人们应当重视自身的修养和涵养，以培养出与众不同的个性魅力。在面对重大事情时，训练者应该保持冷静和淡定从容的态度。不论是工作上的挑战还是生活中的困难，训练者都应该以平和的心态去应对，不急躁、不焦虑。只有保持内心平静，才能更好地思考问题、做出明智的决策。对待他人需合理有度，展现出自己的主见和修养。在与他人相处时，训练者应该尊重对方的意见和感受，同时也要坚持自己的原则和立场。在交流中，要善于倾听他人的意见和建议，虚心接受批评和指导，不断提升自己的思维能力和丰富人际交往技巧。

气质美的另一个内涵是兴趣爱好健康。现代人应当具备一专多能。一专，即对自己从事的行业、学习的专业应当深入探索、不断创新，做到专注且专业；多能，即有广泛的兴趣，有爱美的意识。例如，喜爱博览群书，对人情世故有一定认知，不断改进自己的表达能力，有良好的气质；喜爱音乐，热爱这个生机勃勃的世界；喜爱美术，能够体验到色彩的魅力，感知这多姿多彩的世界；喜爱跳舞与体育运动，提升自己的身体素质，拥有健康的身躯，不被病魔影响。总而言之，摒弃粗俗、低趣味的爱好，让人们学会演绎美、欣赏美、创造美和追求美，充分展现独特的魅力，体现出别具一格的气质。

3.培养高雅的举止

举止高雅既可以从外表上让人感受到美，还对团结协作有一定的帮助，是体现气质美的关键标志。华夏民族自古以来就是文明礼仪之邦，民众比较欣赏有礼有节的气质风度。待人有礼貌，热情大方，会获得他人的尊重。有良好修养的表现之一就是遵守纪律。人们都应培养严格遵守纪律的意识与行为。对待他人比较豁达，明事理，有宽广的胸怀和较高的容忍度。一些人比较小气、没有肚量，经常为鸡毛蒜皮的小事大发雷霆或者口出狂言，性格易怒暴躁。这是修养上的不足，需努力弥补，不断提升自己的修养。

4.树立正确的职场心态、建立处事积极的态度

空乘人员在工作中应当进行适当磨炼，从大局出发，练就一身"钢筋铁骨"，成长为有韧性、有毅力、有责任感的优秀空乘人才。在空乘工作实践过程中，多做事情，可以不断积累宝贵的经验，这有利于增强自己适应工作环境的能力及解决实际问题的能力，想要在工作中构建自己的突出优势，就需要有职场能力的支撑。要保持同理心对待同事与上、下级，站在对方的立场思考问题，将心比心，为对方着想。在矛盾或者误会出现时，当事人倘若可以站在对方的立场考虑问题，可能就会明白对方的思想和观点，这样就不容易产生误会。原因是人们在做任何事情时，均有自己的动因，需基于对方的立场考虑问题才有可能产生共赢，以此让自己的人际关系更加和谐。

明确自己的工作情绪与表现，有效管理自己的情绪，保持良好的心态，这是职业情商对工作情绪的具体要求。应当以积极的心态对待自己的工作，倘若在工作中总是毫无生气，那么就无法获得同事与领导的认可与青睐。在工作中充分展现自己的主观能动性，优秀的空乘人员需在自己的岗位上尽职尽责，及时发现问题，积极分析问题，并找到解决问题的良好办法，遇到问题不推脱责任，既不自卑也不自负。在工作中，还需要有积极的态度。当问题出现时，需充分发掘解决问题的方式，不推诿责任。遇到问题总是搪塞，企图蒙混过关的人，不可能获得成功。在工作中持有积极的心态，才能全面发掘自身优势，从而获得良好的发展空间。

综上所述，较好的气质并非与生俱来的，主要是在后天的、有针对性的练习中逐渐形成的。每个人的气质美是不同的，其会因人与人之间的差别呈现出迥异的表现方式，不能单一地进行模仿，只能通过长时间努力获得。

第五章

空乘人员力量训练

第一节 热身训练

在形体训练开始之前，热身训练是非常重要和必要的。热身训练可以使训练者逐渐适应即将到来的高强度训练，以更好地提升形体训练效果，预防和避免由于不同程度的训练造成的运动伤害。热身训练可以从较为轻松的局部练习到全身运动循序渐进地开始，使心跳缓和加速，促进血液循环，为训练做好相应准备。

一、髋部热身

提膝跨栏

站立于垫子上，双手叉腰，单腿向前、向上提膝，分别向外、向内做一个跨栏的姿势。做髋关节的外旋和外展练习，充分感觉髋向后伸展，可以很好地活动髋关节（图5-1、图5-2）。

这个动作主要是针对髋关节和大腿周围的肌群进行伸展和激活。

图 5-1

图5-2

二、胸部热身

手臂绕肩

站立于垫子上，手臂向上伸直，掌心相对，手臂向外、向上分别做绕肩的动作（图5-3）。
这个动作能够充分活动肩关节和胸部，调整呼吸，持续练习30秒。

图5-3

三、腰部热身

侧腰伸展

站立于垫子上，手臂向上伸直，掌心相扣。吸气，身体从腰部弯曲向一侧，呼气，向外延
伸。身体回正后再弯向另一侧（图5-4、图5-5）。

图 5-4

图 5-5

这个动作可以充分锻炼侧腰部的拉伸，伸展和激活侧腰部和腹部。

四、腿部热身

（一）单腿抱膝

站直身体，保持平衡。将一只脚抬起，膝盖弯曲，脚掌抬高到另一条腿的膝盖位置。双手抱住抬起的膝盖前侧，发力向上抬腿，膝盖停留在胸部前方，静态姿势保持 15～30 秒（图 5-6）。

对侧练习，调整呼吸，向后发力时感受大腿后侧和臀大肌的伸展（图 5-7）。

图 5-6

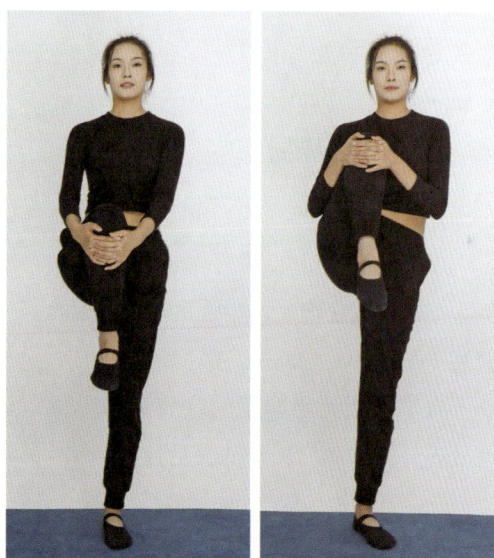

图 5-7

（二）双腿交替臀部后推

双腿交替后推臀部，主要拉伸小腿后侧。上身挺直，一腿伸直，脚尖向上勾起，另一腿弯曲膝盖跪于垫子上，俯身向下，用双手握住伸直一侧的脚尖。身体下压，感受小腿后侧和大腿后侧有较强的拉伸感（图5-8、图5-9）。

图 5-8

图 5-9

五、肩部热身

双肩环绕

站立于垫子上，手臂弯曲，打开胸腔，把拇指放在胸上，然后屈臂做向后的绕环（图5-10、图5-11）。

自然呼吸，小幅度的绕肩动作可以有效提升胸椎和肩关节的灵活性。

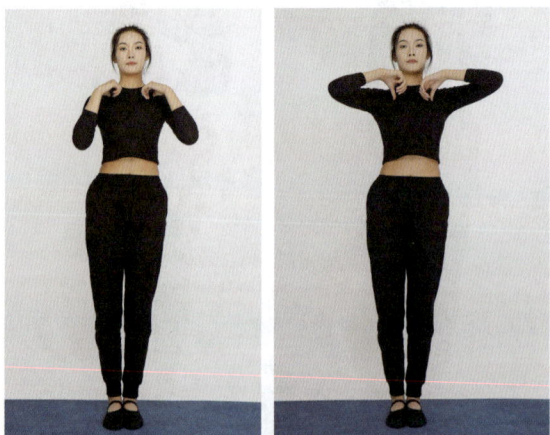

图 5-10

图 5-11

六、全身动态热身

摆臂提膝

原地站立，双脚并拢，保持身体直立。提起一侧膝盖，同时将双臂贴紧身体的两侧。在保持这个姿势的同时，交替摆动手臂，使其与提起的膝盖形成对称的动作。重复练习 10 ~ 15 秒（图 5-12）。运动过程中注意均匀呼吸，保持平稳和流畅。

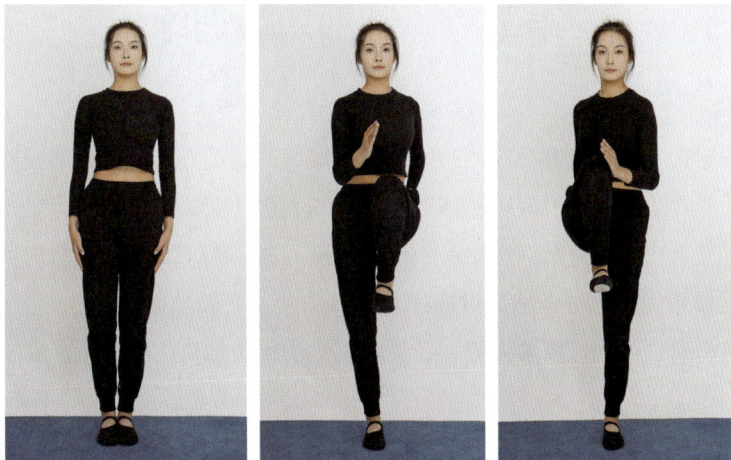

图 5-12

七、全身及核心激活

滑雪式

这是一种能够激活全身肌肉的运动。站立在垫子上，双脚间距与肩同宽。吸气并向上伸展双臂，然后呼气向下。同时，收紧核心肌群，将臀部向后推，俯身。在向下的过程中，要保持腹部核心紧绷，控制好身体的力度，并做一个停顿。做弓步动作，并稍微向对侧扭转身体（图5-13）。

图5-13

吐气向前弓步，再向对侧扭转。这个动作可以充分拉伸和激活侧腹肌肉，同时也能够拉伸背部肌肉，充分感受到整个背部和腰部的拉伸效果。

第二节　胸部力量训练

胸部力量训练是一种专门针对胸部肌肉群进行锻炼的运动方式，旨在增强胸部肌肉的力量和耐力。这种训练方法可以帮助改善身体姿态、提高心肺功能、增强上肢力量，以及塑造美观的胸部线条。通过进行胸部力量训练，有效地刺激胸大肌、胸小肌等胸部肌肉群，使其力量逐渐增长并变得更加紧实。通过训练，可以提高身体力量及心肺功能，有效地减少多余的脂肪，使胸部线条更加清晰、美观，改善姿势，在日常生活中可更加自信和健康。

一、胸部徒手训练

（一）俯卧撑

俯卧撑是一种常见的体能训练动作，被广泛应用于锻炼身体各个部位的肌肉。其主要针对胸部肌肉进行有效训练。趴于垫子上，身体与地面保持紧密的接触。手掌朝下，手指向前伸展，腰背挺直，不要有任何弯曲或者凹陷。从侧面观察，身体为一条直线，双手放在胸部两侧，双手之间的距离应该比肩部略宽（图5-14）。

使用手臂的力量，将身体向上推起。持续用力，直到手臂完全伸直，肘关节完全伸展，但不能过度伸展到锁定的状态，不能让肘关节锁死。在整个训练的过程中，训练者需要始终保持腰背挺直，不能有任何弯曲或者倾斜的情况出现（图5-15）。

手臂弯曲，肘关节略高于躯干。保持身体的稳定性，慢慢地放下身体，直到胸部轻轻触地。这个动作需要保持呼吸平稳，避免因为身体的动作而影响呼吸的节奏。这个动作可以更好地释放气息，避免因为气息的积压而导致身体不适（图5-16）。

俯卧撑是一种非常有效的锻炼方式，能够锻炼到胸、肩和手臂等多个部位的肌肉。

图5-14　　　　　　　　　　图5-15　　　　　　　　　　图5-16

（二）跪姿半程俯卧撑

跪姿半程俯卧撑是一种俯卧撑的变体，适合于初学者或者力量较弱的人进行训练。跪在垫子上，双手的间距与肩同宽，手掌朝下，手指向前，手臂伸直。用手臂的力量将身体向上推起，手臂慢慢伸直，然后将身体放下，直到胸部逐渐接触地面（图5-17）。

与标准俯卧撑不同的是，跪姿半程俯卧撑只需要将身体推起到手臂弯曲的一半的位置即可，然后慢慢放下身体，起身还原，手臂伸直（图5-18）。

图5-17

图5-18

这种俯卧撑的难度较低，可以帮助初学者逐渐适应俯卧撑的动作和姿势，并逐渐增强肌肉力量。在进行跪姿半程俯卧撑训练时，需要注意保持身体的稳定和动作姿势的正确，避免受伤。

（三）宽距俯卧撑

宽距俯卧撑是一种俯卧撑的变体，基本动作与标准俯卧撑相同，不同之处在于手臂的宽度比标准俯卧撑更宽。俯身撑在垫子上，双手间距约为两倍肩宽，腰背挺直，手指向前，手臂伸直，从侧面看，身体呈一条直线（图5-19）。

身体下落时胸大肌会出现较强烈拉伸感，然后伸臂起身还原，屈臂吸气，伸臂呼气；推起时，上臂向内夹，胸部有明显收缩感，身体上推至最高点时，胸部有强紧绷感；下降时，上臂后侧辅助发力，有轻微收缩感，身体下降至最低点时，胸部有较强牵拉感（图5-20）。

图5-19　　　　　　　　　　　　　　　图5-20

注意训练过程中避免塌腰或撅臀，手臂应出现拉伸感，肘关节要伸直，但不要超伸锁死，全程保持腰背挺直，从侧面看身体呈一条直线，双手支撑位置向下移动。这种俯卧撑可以更好地锻炼胸肌和肩部肌肉，同时也可以增加手臂和核心肌群的稳定性。

（四）窄距俯卧撑

窄距俯卧撑是一种俯卧撑的变体，它的基本动作与标准俯卧撑相同，不同之处在于手臂的宽度比标准俯卧撑更窄。双手的距离应该比肩膀窄一些，手指向前，手臂伸直。窄距俯卧撑可以增加胸部肌肉的收缩。在进行窄距俯卧撑训练时，需要注意保持身体的稳定和动作姿势的正确，避免受伤（图5-21）。

初学者或者力量较弱者，可以先从跪姿窄距俯卧撑开始练习，逐渐适应动作和姿势，再逐渐转换到标准窄距俯卧撑。

图5-21

（五）下斜俯卧撑

下斜俯卧撑是一种俯卧撑的变体，它的基本动作与标准俯卧撑相同，不同之处在于身体的位置（图5-22）。

在进行下斜俯卧撑时，需要找到一个倾斜的平面。例如，一个斜坡或者一个健身器材上的倾斜板，然后将双手放在平面上，双脚放在高于地面的物体上，身体呈斜角状（图5-23）。

图5-22　　　　　　　　　　　　　　　　　图5-23

下斜俯卧撑可以更好地锻炼上胸肌和肩部肌肉，同时也可以增加手臂和核心肌群的稳定性。在进行下斜俯卧撑训练时，注意保持身体的稳定和动作姿势的正确，避免受伤。

（六）上斜俯卧撑

上斜俯卧撑的基本动作与标准俯卧撑相同，不同之处在于身体的位置。进行上斜俯卧撑时，需要一个倾斜的平面，可以是一把结实的椅子，将双手放在椅面上，双脚放在垫子上，身体与地面呈斜角状（图5-24）。

还原起始动作（图5-25）。

图5-24　　　　　　　　　　　　　　　　　图5-25

上斜俯卧撑可以更好地锻炼下胸肌和三头肌等肌肉，增加背部和核心肌群的稳定性。在进行上斜俯卧撑训练时，需要注意保持身体的稳定和动作姿势的正确，避免受伤。

（七）半程俯卧撑

半程俯卧撑的动作幅度更小，更适合力量较弱的人进行训练。与标准俯卧撑的不同之处在于其动作的幅度：在进行半程俯卧撑时，需要先进入标准俯卧撑的起始姿势，双手撑地，身体伸直，手臂与肩膀平齐。然后将身体放下，降低到肘关节弯曲90度的位置，将身体向上推起，直到肘关节伸直（图5-26）。

图5-26

在进行半程俯卧撑训练时，需要注意保持身体的稳定和动作姿势的正确，避免受伤。可以根据自己的实际情况适当调整动作的次数和组数，逐渐提高训练强度。

（八）跪姿爆发俯卧撑

跪姿爆发俯卧撑是一种高强度的俯卧撑训练，它可以有效地锻炼胸肌、肩膀和手臂肌肉。双膝跪于垫子上，双手撑地，间距与肩膀同宽，手指向前。然后将身体向前倾斜，将重心移到双手上。接着迅速弯曲肘关节，将身体放下，降低到肘关节弯曲90度的位置，然后迅速用力将身体向上推起。重复以上步骤（图5-27 ~ 图5-29）。

图5-27   图5-28   图5-29

在进行跪姿爆发俯卧撑训练时，需要注意保持身体的稳定和动作姿势的正确，避免受伤。由于训练强度比较高，初学者可以适当减少动作的次数和组数，逐渐提高训练强度。

（九）鳄鱼爬

鳄鱼爬可以锻炼全身肌肉，特别是核心肌群和手臂肌肉。先进入俯卧撑的起始姿势，即双手撑地，双腿伸直，脚尖着地，保持身体呈一条直线（图5-30）。

然后将左手和右脚同时向前移动，左手在前，右手在后，右脚向上，抬离地面，左腿保持伸直，向前爬行，使右腿接近地面，但不要碰到地面（图5-31）。

图5-30

图 5-31

二、胸部器械训练

（一）平板杠铃卧推

双脚踩实地面，身体平躺于杠铃固定架下方凳子上，调整身体位置，使杠铃位于眼睛正上方，双手分开，比肩稍宽，伸手握住杠铃；腹部与臀部收紧，肩部下沉后缩，上背平贴凳子，吸气发力将杠铃移至锁骨正上方，适当调整呼吸（图 5-32）。

双手稳定杠铃，缓慢向下，将杠铃下落至胸肌正上方（图 5-33）。

图 5-32

杠铃在底部稍作停顿后，发力向上推起，高度达到锁骨正上方的位置时，背部仍然平贴于凳子，使胸部形成挤压（图 5-34）。

适当反复练习，训练结束后将杠铃放回杠铃固定架上。推起时呼气，下落时吸气，在加大重量练习的时候，下落和推起过程中要屏住呼吸，在最高点调整呼吸（图 5-35）。

图 5-33

图 5-34

图 5-35

（二）上斜杠铃卧推

上斜杠铃卧推和平板杠铃卧推的区别在于增加了一个倾斜角度。按照训练者的身体高度，调整好上斜角度的卧推架，上身躺在卧推架上，从支架上取下杠铃，握住杠铃，双手间距与肩同宽。将杠铃缓慢地降低到胸部上方，保持肘部略微弯曲。吸气，用力将杠铃向上推起，直到双臂伸直。在最高点停留1秒，然后缓慢地将杠铃降低至起始位置。重复以上动作，进行多组训练（图5-36）。

图5-36

（三）哑铃卧推

双脚踩在地面上，身体平躺在平板卧推凳上，上背平贴于凳子，肩胛骨后缩下沉，腹部、臀部收紧。双手握住哑铃，用力将哑铃向上推起，举过头顶，直到两臂伸直（图5-37）。

弯曲肘关节，缓慢地将哑铃降低到胸部两侧，始终保持肩膀后缩下沉，前臂垂直地面，缓慢地下落至哑铃下沿与胸部在同一高度，稍作停顿（图5-38）。

下放时吸气，上推时呼气。推起时，胸部主动发力，可以体验到明显的收缩感，在最高点时，体验到胸部挤压感；下落至最低点时，胸部有轻微牵拉感，肩部和上臂后侧进行辅助，体验到肌肉轻微的收缩感（图5-39）。

图5-37　　　　　　　　　　图5-38　　　　　　　　　　图5-39

（四）上斜哑铃卧推

将椅背调节到与地面呈30度左右位置，双脚踩在地面上，上背平贴凳子，腹部、臀部收紧，肩胛骨下沉后缩，双手握住哑铃，拳心朝前，前臂放于身体两侧并垂直于地面（图5-40）。胸部发力，上臂靠拢于身体中间位置，推举到最高点时，弯曲肘关节，保持呼吸（图5-41）。

肩膀下沉后缩，下落至哑铃下沿与胸部在同一高度，稍作停顿，前臂垂直于地面（图5-42）。吸气时下放，呼气时上举。推起时，感受胸部主动发力收缩感，在最高点时有强挤压感，肩部和上臂后侧辅助，有轻微收缩感；下落至最低点时，感受胸部有轻微牵拉感。

图 5-40　　　　　　　　　　图 5-41　　　　　　　　　　图 5-42

（五）下斜哑铃卧推

下斜哑铃卧推运动可以让肌肉得到最大程度的收缩和彻底的拉伸，可以使用对握来获得更好的收缩效果；将椅背调节到向下倾斜的角度，双脚固定好位置，上背平贴凳子，腹部、臀部收紧，肩胛骨下沉后缩，双手握住哑铃，拳心朝前，前臂放于身体两侧并垂直于地面；胸部发力，上臂靠拢于身体中间位置，推举到最高点时，弯曲肘关节，保持呼吸（图 5-43）。

图 5-43

训练过程中，训练者一定要固定双脚，初学者可以选择重量轻的哑铃，选择合适的凳子的角度，避免运动过程中的危险。

（六）哑铃飞鸟

双脚踩在地面上，上背平贴凳子，腹部、臀部收紧，肩胛骨后缩下沉，双手握住哑铃，拳心朝前，前臂放于身体两侧（图 5-44）。

小臂外旋，胸部发力，使上臂向身体中间靠拢，形成胸部的挤压，稍作停顿，肩膀始终后缩下沉，缓慢内旋手臂下落，下落至哑铃下沿与胸部在同一高度，稍作

图 5-44

停顿（图5-45）。

下放时吸气，上举时呼气。推起时，胸部主动发力，收缩感明显，在最高点有强挤压感；下落至最低点时，胸部有轻微牵拉感。

图5-45

（七）双杠臂屈伸

站立于双杠中间位置，双手握住杠柄，胸部发力，用手臂支撑起身体，锁住肘关节处（图5-46）。

吸气时，身体向前倾斜30度左右，慢慢向下，双肘向两侧略微张开，直到训练者感到胸部有轻微的拉伸感（图5-47）。

呼气时，胸部发力，用手臂撑起身体，回到起始位置，在最高点时感受胸大肌的紧缩感，停留1秒，反复练习（图5-48）。

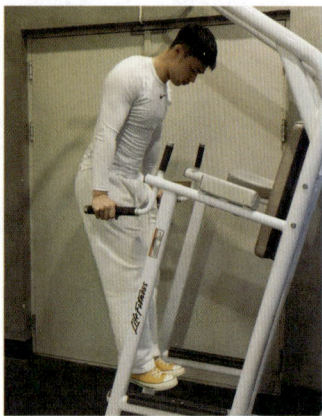
图5-46

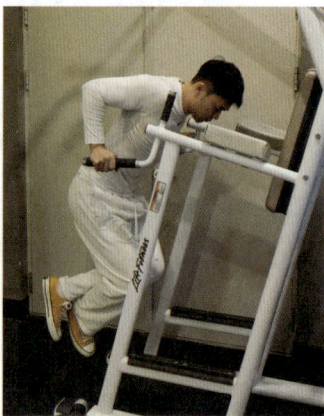
图5-47

图5-48

初学者需要注意，如果力量不够，屈伸困难，可以选择脚不离地练习，或者使用专门的模拟双杠臂屈伸的器械。训练过程中，头部不要向前伸，并采用将大拇指包住的握法。

（八）蝴蝶机夹胸

结合训练者身高来调整靠椅的高度，使手柄和胸部保持在同一条水平线。初始姿势是腰背部紧贴靠背，双手紧握手柄，双肩张开。深呼吸，核心收紧，胸肌慢慢发力，缓缓向内拉动手柄，进行夹胸运动（图5-49）。

注意选择合适的重量，不要盲目选择大重量，三角肌位置发力会触发身体的保护机制，影响训练效果，有时也会造成肌肉拉伤。需要胸部发力，夹胸的时候两手不要完全贴靠在一起，在动作的顶点时保持停留，动作还原时感受胸肌的收缩。

图 5-49

（九）龙门架夹胸

1.高位龙门架夹胸

将手柄调到最高位置，双手紧握手柄，拳心相对；身体站立于龙门架中间，双腿直立；双肩下沉，腹背部收紧，上半身向前倾斜，呼气时将手柄拉至胸前，让双手对碰（图5-50）。

沉肩吸气，双臂打开，前臂与上臂的角度大于90度，肘关节低于肩关节；不要外旋前臂，手的位置低于肘部；打开至上臂与身体平行，再往后会对肩关节产生过多的压力，呼气以肩为支点，让双肘关节向身体中线靠拢（图5-51）。

图 5-50

图 5-51

2.中位龙门架夹胸

肩膀下沉，抬头挺胸，双腿稍分开，站立于龙门架中间；调整到合适的重量，并结合训练者身高，将手柄调到训练者肩膀等高的位置；双手紧握住手柄，呼气时肩膀下沉，肘关节带动手臂将手柄拉至双手触碰。

吸气时，双臂向两侧打开，上臂与身体呈一条直线，双臂平行于地面，肘关节低于肩关节；呼气时，肘关节带动手臂向身体中线水平收拢，拳心相对（图5-52、图5-53）。

图5-52   图5-53

3.低位龙门架夹胸

适当调试重量，将手柄调到龙门架最低的位置；上半身保持直立，双手紧握手柄，抬头挺胸，目视前方，肩膀下沉，双臂打开呈倒V形；背部、腰腹部收紧，手臂稍过于身后位置，肘关节带动前臂向斜上方中线靠拢，举至手与锁骨平行；吸气时，下放双臂，保持匀速，身体保持稳定，不要晃动，注意上臂与前臂的角度保持不变，运动过程中肘关节不要锁死，一直保持微屈（图5-54）。

需要注意的是，所有的夹胸训练都是由肘关节带动手臂的运动，两个肘关节在胸中线靠拢，肩关节一定要稳住，不是单靠手的力量，肘关节一定不要太往后，肱骨头不要向前凸，时间久会造成肩关节损伤。

图5-54

第三节 背部力量训练

一、背部徒手训练

（一）背部夹笔

自然站立，双手握拳，拇指朝上，抬起双臂与地面平行，上背部发力收缩，想象用自己的肩胛骨夹着一支笔，坚持2~3秒（图5-55）。

呼气收缩，吸气还原。背部肌肉得到充分收缩。注意发力时挺胸沉肩，收缩时尽情想象自己在用背部夹着一支笔。

图5-55

（二）俯身Y字伸展

自然站立，膝盖微屈，俯身向前，身体与地面呈30度~45度，双手握拳，大拇指朝前，双臂伸直（图5-56）。

手臂上提，与身体呈现Y字形状，双肩放松，背部挺直，背部中间肌肉发力，头部与脊柱处在一条直线上（图5-57）。

吸气时还原，呼气时抬臂。抬起时背部有明显挤压感，注意不要弯腰弓背，不要肩部发力，不要耸肩带起手臂，应背部挺直，手臂以肩部为轴运动。

图5-56

图5-57

（三）俯身 YW 伸展

自然站立，膝盖微屈，俯身向前，身体与地面呈 30 度～45 度，双手握拳，大拇指朝前，双臂伸直，双臂上提至与身体呈 Y 字形状（图 5-58）。

手臂后缩，弯曲肘部，使手臂与身体呈 W 字，背部双肘发力夹紧，放松双肩，感受背部中间肌肉的挤压感，挺直背部，头部与脊柱处在一条直线上（图 5-59）。

图 5-58 图 5-59

呼气后缩，吸气还原。发力时，注意动作过程中手臂不要发生旋转，大拇指始终保持朝上。

（四）俯身 T 字伸展

自然站立，膝盖微屈，俯身向前，身体与地面呈 30 度～45 度，双手握拳，大拇指朝上，双臂伸直（图 5-60）。

背部发力，水平方向展开双臂至 180 度，保持呼吸，还原上举，反复运动；发力时，中背部有明显挤压感（图 5-61）。

图 5-60 图 5-61

呼气发力，吸气还原。注意运动过程中手臂不要出现旋转，不要弓背弯腰，应收紧腰腹核心，背部保持挺直。

（五）俯身A字伸展

挺直腰背，双手垂直于地面，身体向前倾斜，膝盖弯曲，双手握拳，大拇指向前（图5-62）。

双臂沿身体向后伸展，在最高点保持呼吸，之后还原动作（图5-63）。

呼气发力，吸气还原。注意训练过程中不要出现后伸时耸肩，可以适当缩小后伸幅度，保持肩关节稳定不动（图5-64）。

图5-62　　　　　　　　　　图5-63　　　　　　　　　　图5-64

（六）俯身I字伸展

挺直腰背，双手垂直于地面，身体向前倾斜，膝盖弯曲，双手握拳，大拇指向前（图5-65）。

双臂沿身体向上伸展，使手臂与身体呈一条直线，保持呼吸，之后还原（图5-66）。

图5-65　　　　　　　　　　图5-66

（七）俯卧Y字伸展

俯卧在垫子上，双臂与身体呈Y字形，双手握拳，大拇指朝上，肋骨不要离开地面，拇指用力上举，感受中背部肌肉发力（图5-67）。

呼气发力，吸气还原。上举时，下背部有明显紧绷感，中背部有向中间挤压的感觉（图5-68）。

注意动作过程中不要使腰部感觉更强烈，收腹，让腹部稍微离开地面，上半身的重心调整到肋骨下沿。

图5-67　　　　　　　　　　　　　　图5-68

（八）俯卧A字伸展

俯卧于垫子上，腰背挺直，双手掌心相对放于身体两侧（图5-69）。

双手沿躯干向后伸，挺起胸膛，夹紧肩胛骨，至最高点稍作停留，然后还原，动作全程不要耸肩（图5-70）。

呼气发力，吸气还原。背部有酸胀感，注意不要出现后伸时耸肩，保持肩关节稳定不动，可以适当缩小后伸幅度。

图5-69　　　　　　　　　　　　　　图5-70

（九）俯卧YT伸展

俯卧在垫子上，双手握拳，大拇指朝上，双臂向头上方伸展，与身体形成Y字形状（图5-71）。

肩部和胸部向上挺起，保持肋骨贴于地面，背部肌肉发力，拇指继续用力上举，双臂伸直向后打开，与身体形成T字形状（图5-72）。

图 5-71

图 5-72

吸气时打开双臂，呼气时还原。双臂上举打开时，背部下方能够感受到明显的紧绷感，背部中间位置有挤压感，注意不要使腰部有过于强烈的感觉，上半身的重心调整到肋骨下方，腹部收紧，让腹部稍微离开地面。

（十）俯卧 YTW 伸展

俯卧在垫子上，双手握拳，大拇指朝上，双臂与身体呈 Y 字形，肋骨不要离开地面，拇指用力上举（图 5-73）。

中背部肌肉发力，双臂向后打开伸展，伸展至与身体呈 T 字形（图 5-74）。

中背部肌肉发力，肘部弯曲，手臂后缩，与身体呈 W 字形，双臂夹紧，感受背部中间肌肉的挤压感（图 5-75）。

图 5-73

图 5-74

图 5-75

双臂后缩打开，可以扩张胸腔，背部有明显紧绷感，有向中间挤压的感觉，还原时呼气，感受背部肌肉的收缩感。

二、背部器械训练

（一）坐姿划船

按训练者身高确定动作的幅度，臀部适当靠后，坐于凳子一端，双脚放在踏板上，膝盖微微弯曲（图 5-76）。

后背保持挺直，双肩自然外展，抬头挺胸保证双肩不会前探，后背背阔发力带动手臂，双手握实手柄，拉起手柄。核心收紧，大臂夹紧身体，将手柄往身体小腹处拉，手臂自然往后划，手臂不宜抬起过高，感受背部肌肉的收紧；双腿踩住踏板，不需要发力（图 5-77）。

拉起手柄后，双肩下沉不要耸肩，减小小臂发力。阔肌、背部夹紧后，可适当停留 1 秒，再慢慢放力。回放时，应保持背部肌肉持续用力，当手柄回放到手臂打直、双肩不要前探时即完成一次动作（图 5-78）。

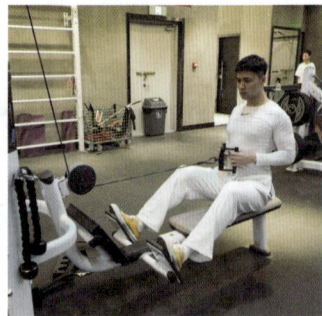

| 图 5-76 | 图 5-77 | 图 5-78 |

训练过程中需要注意，腿部起到稳定作用，不需要过多用力，双肩下沉，不要前探、借力，直立身体坐在凳子一端，保持身体端正稳定，手臂不要借力。

（二）引体向上

双臂向上展开，掌心朝外，双手握杠，两手距离比肩部略宽，膝盖微曲，双脚离地（图 5-79）。

背部发力，肘关节向前，身体向后倾斜，胸部尽量接近杠侧，到达最高点时，肩胛骨收紧，稍作停留，下放还原，全程尽量保持身体稳定（图 5-80）。

吸气下落身体，呼气上提身体。可做多次反复练习，背部应感受到酸胀感，身体不要前后晃动，保持身体稳定性。

| 图 5-79 | | 图 5-80 |

（三）高位下拉

双脚踩地，腰背部挺直，腹部收紧，臀部坐于凳子上，双腿固定于器械下方，身体微微向后倾斜，肩膀稍向上提起；双臂上举外展，双手距离比肩膀稍宽，掌心朝前握住把杆两端

（图5-81）。

身体保持稳定，肩膀下沉，背部发力，带动双臂向下，靠向身体两侧，将杆拉至下颌与锁骨之间，停留1秒（图5-82）。

双臂缓慢向上举起，还原初始位置，发力控制上举到最高点（图5-83）。呼气时下拉，吸气时上举还原。下拉过程中背部有明显收缩紧绷感，上举还原到最高点时背部有轻微牵拉感。

  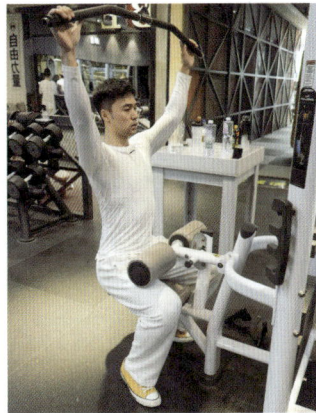

图5-81　　　　　　　　　　图5-82　　　　　　　　　　图5-83

（四）俯身杠铃正握划船

自然站立于杠铃前方，下背部挺直，腰腹收紧，双臂展开距离比肩部稍宽些，掌心朝向身体，双手握住杠铃，身体向前俯下，与地面形成20度左右的夹角（图5-84）。

后缩肩胛骨，背部发力使肩膀向前，将杠铃拉向身体，在靠近腹部时，稍作停留，在不完全放松的情况下，缓慢收力下放杠铃，还原至起始位置（图5-85）。

吸气时下放杠铃，下落到最低点时，背部有轻微牵拉感；呼气时提起杠铃，背部有明显收缩感，在最高点时肩胛骨中间有挤压感。训练过程中需要注意的是，可以视自身情况，适当减轻重量，俯身幅度也要适中，以保证训练效果。

图5-84　　　　　　　　　　图5-85

（五）杠铃反握划船

自然站立于杠铃前方，下背部挺直，腰腹收紧，手臂外翻，掌心朝向身体前方，双手握住杠铃，身体向前俯下，与地面形成20度左右的夹角（图5-86）。

肩胛骨后缩，肩膀向前引起背部发力，将杠铃朝腹部位置向上拉起，在最高点稍作停留，在不完全放松的情况下，缓慢收力，下放杠铃，还原至起始位置（图5-87）。

吸气时下落，到最低点时，背部有轻微牵拉感；呼气时拉起，感受到背部的收缩感，在最高点时肩胛骨中间有挤压感。

 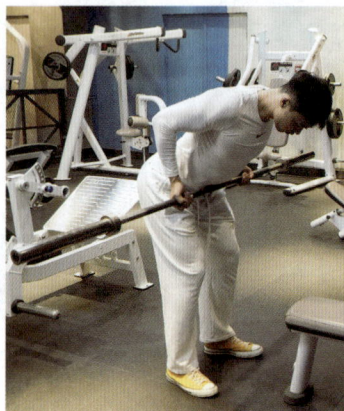

图5-86　　　　　　　　　　　　　　图5-87

（六）单臂哑铃划船

单手握住哑铃，站立于支撑物侧方，另一侧手臂支撑于支撑物表面，向前俯身，并保持背部挺直，同侧腿屈膝，臀部向后。向下俯身，肩胛收紧，外侧腿微屈，外侧手臂握住哑铃自然下垂，手臂向下伸展，同时身体下压，使上半身与地面平行。背部肌群发力带动手臂弯曲时，使手臂沿着身体向臀部方向滑动，到达最高点时稍作停留，感受背部肌肉的收缩（图5-88）。

呼气时向下，吸气时慢慢还原，感受背部肌肉的伸展。

图5-88

（七）器械坐姿拉背

坐于拉背器的凳子上，颈部及腰部、背部挺直，双肩下沉，选择8～12次力竭的重量，每次训练3～6组，每组做8～12次，组间休息30～90秒（图5-89）。

呼气时向后，拉住手柄向里、向下，双手靠近躯干停留2～4秒，最低处时背阔肌充分收缩1秒；吸气时向前、向上退出，停留2～4秒后，还原器械到肘关节微屈位置，训练者的背阔肌可以得到充分锻炼（图5-90）。

注意运动过程中背阔肌始终保持紧张状态，不要利用惯性拉动，不要大幅度前后摇摆，也不要使头部前倾，避免出现耸肩、弓腰、塌背等不正确体态。

图5-89　　　　　　　　图5-90

（八）T型杠铃划船

将杠铃杆纵向放置于地面，杠铃杆的一端顶住墙角或固定物侧方，另一端加上适当的重量，膝盖微屈，双脚分开，站在杠铃的两边，保持脊柱中立，起始的姿势与硬拉姿态类似（图5-91）。

保持核心收紧，双手抓起杠铃，向腹部的方向把杠铃拉起。肩胛骨收缩，带动整体动作，减小肱二头肌受激活的程度，注意力放在背阔肌上（图5-92）。

 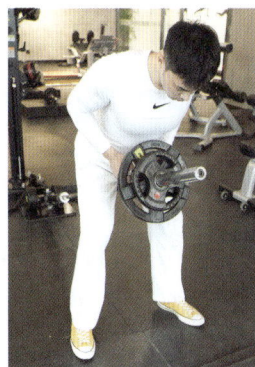

图5-91　　　　　　　　图5-92

（九）山羊挺身

适当调整挡板位置，使其位于骨盆前且不压迫腹部；固定双脚位置，双手交叉于胸前，腹部顶在挡板上，身体折叠附在罗马凳上（图5-93）。

下肢始终保持固定状态，腰腹部收紧，身体向上挺起至呈一条直线。俯身时注意控制下落速度（图5-94）。

吸气时向下俯身，呼气时向上挺身，感受后腰的酸胀感。

（十）直臂下拉

面向训练器站立，双手与肩同宽，手臂伸直，双手正握横杠手柄，背部保

图5-93　　　　　　　　图5-94

持挺直不动，腹部收紧，上身略微向前倾斜，双脚与肩内侧同宽，双手握杠，肘部微弯伸展（图5-95）。

手握横杠向大腿前部下拉，吸气时控制下拉力度，让横杠匀速回复至起始位置（图5-96）。

注意重量一定要适中，背部集中受力，减少手臂受力，手腕保持绷直（图5-97）。

图5-95　　　　　　　　　　图5-96　　　　　　　　　　图5-97

第四节　肩部力量训练

一、肩部徒手训练

（一）徒手推举

身体站直，手掌虚握成拳，手臂打开放于身体两侧，小臂竖起垂直于地面，双拳上举到耳朵的高度，肘关节略低于肩关节（图5-98）。

将手臂沿身体两侧举过头顶，举至从正面看手臂与地面垂直的位置即可，肘关节微屈，然后下放还原到初始位置（图5-99）。

吸气时下放，呼气时上举。肩部有酸胀感，注意不要耸肩，运动过程中保持肘关节微屈姿态与肩关节稳定性。

图5-98　　　　　　　图5-99

（二）坐姿肩外旋

平稳地坐在椅子上，沉肩屈臂，大拇指指向身体外侧（图5-100）。

后缩肩胛骨，主动挺胸，手臂向身体两侧打开。在整体运动过程中，肩部向后展开，夹紧大臂，展开后略作停顿，感受腋下和背部的挤压感（图5-101）。

 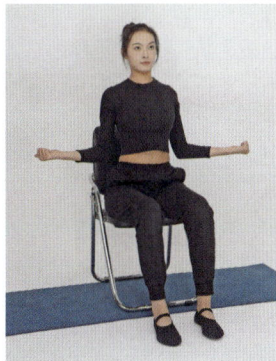

图 5-100　　　　　　　　　　图 5-101

手臂呼气时打开，吸气时还原。感受到肩部与腋下及背部有明显的挤压收缩感，注意在手臂打开的过程中要主动挺胸，要想象背部中间有一支笔，用背部夹紧。

（三）徒手前平举

身体站直，两腿打开与肩同宽，肘部微屈，双臂下放，双手轻轻握拳，放于身体前侧（图 5-102）。

向前、向上抬起双臂，拳心朝下做前平举，双臂抬高至与地面平行，稍作停留后下放至初始位置，这个过程不宜过快（图 5-103）。

图 5-102　　　　　　　　　　图 5-103

吸气时下放，呼气时上抬。注意不要耸肩，要保持肩关节稳定，感觉肩部前侧有酸胀感。

二、肩部器械训练

（一）坐姿哑铃推举

双脚踩实地面，腰背挺直，坐于凳子上，双手正握哑铃，拳心朝前，举起哑铃至双耳位置，小臂垂直于地面，展开放于身体两侧，肘关节略低于肩（图 5-104）。

肩部主动发力，向上推举哑铃至肘关节伸直，稍作停留后，还原到初始位置（图 5-105）。

图5-104 图5-105

呼气推举，吸气下放。整个过程中注意不要耸肩借力，肩膀始终保持稳定，推起时收缩感明显，在最高点有强挤压感，下落至最低点时肩部有轻微牵拉感。

（二）站姿杠铃推举

腰背挺直，双脚打开与肩同宽站立，双手正握杠铃，拳心朝前，肘关节略低于肩，将杠铃置于颈部前侧（图5-106）。

肩部发力向上推举，将杠铃推举至肘关节完全伸直，肩膀始终保持稳定（图5-107）。

吸气时下放，呼气时推举。推起时，有明显的收缩感，在最高点有强挤压感，下落至最低点时肩部有轻微牵拉感（图5-108）。

图5-106 图5-107 图5-108

注意做动作过程中不要耸肩，肘关节伸直但不要锁死，要始终保持肩膀稳定。

（三）阿诺德推举

双脚踩实地面，坐于凳子上，手臂屈肘放于身前，双手握住哑铃，拳心朝向身体；举起哑铃至眼前方，小臂垂直于地面，肘关节低于肩部（图5-109）。

推举过程中，双手握住哑铃，由内而外旋转，拳心朝向前方。双手手臂从身体前侧外翻至身体两侧，再向上推举过头顶，肘关节微屈，举至手臂与地面相垂直的位置，感觉肩部有酸胀感。稍作停留，下放还原到初始位置（图5-110）。

图5-109   图5-110

呼气时上举，吸气时下放。注意运动过程中不要耸肩，肘关节在上举至顶端时伸直但不要锁死。

（四）哑铃侧平举

双脚打开与肩同宽站立，双手握住哑铃，拳心相向，将哑铃提起置于大腿两侧，手臂微微弯曲，肘关节保持紧张状态（图5-111）。

双手握住哑铃，打开双臂，将哑铃向身体两侧抬起到肩膀位置，双臂与地面平行；稍作停留后，将哑铃回降到大腿前侧位置（图5-112）。

图5-111   图5-112

注意运动全过程中保持肘关节微微弯曲，手臂完全伸直会导致肘关节受力过大，有可能造成损伤，哑铃抬起的位置不要超过肩膀的高度，否则会增加对斜方肌的刺激。

（五）站姿宽握杠铃上提

背部挺直，两脚分开站立，双手分开比肩稍宽，拳心朝向身体，正握杠铃于大腿前方（图5-113）。

双手握住杠铃，将杠铃沿着身体方向垂直向上抬至胸前，稍作停留后，将杠铃降回大腿前方位置（图5-114）。

图5-113　　　　　　　　　　　　　　　图5-114

需要注意的是，运动全过程中保持手臂微屈并收紧，抬高时根据个人的柔韧性及力量，可以抬到锁骨位置，也可以到下颏位置。

（六）龙门架站姿绳索侧拉

侧身站立在龙门架一侧，外侧单手握住手柄，置于大腿前侧，将绳索拉向外侧，达到与肩部平齐的位置，稍作停留，回到起始位置（图5-115）。

图5-115

整体动作主要是手臂角度发生了变化，锻炼三角肌。适当调整角度，可以刺激三角肌各个部位。同时注意保持肘关节和腕关节的持续紧张感，手臂保持微屈。

（七）侧卧哑铃侧平举

将椅背调节到与地面呈15度角左右，右侧膝盖跪于平凳上，大腿及臀部紧靠椅背；右侧肘部支撑在椅背上，腰背挺直，左脚踩地，左手握住哑铃，拳心朝向身体；肩部发力，持哑铃的手臂向上、向外伸展，达到与地面平行时，稍作停留；缓慢外旋手臂下落至初始位置。在这个过程中，肩膀要始终保持稳定（图5-116）。

换侧练习（图5-117）。

呼气时外展，吸气时还原。注意要选择重量合适的哑铃，做动作时不要耸肩，感觉肩部有酸胀感。

 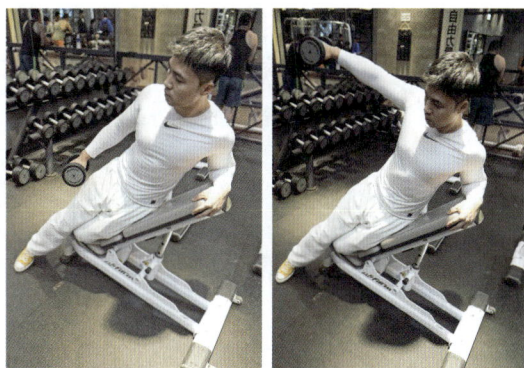

图5-116　　　　　　　　　　　　　图5-117

（八）杠铃前平举

腰背挺直，双脚分开与肩同宽站立，双手平握杠铃，肘部微屈，拳心朝向身体，将杠铃落于大腿前侧（图5-118）。

肩部发力，伸直手臂向前平举，达到手臂与地面平行的位置，稍作停留，然后还原至初始动作，做动作的过程中肩膀始终保持稳定（图5-119）。

呼气前平举，吸气时下放。注意运动过程中身体不要晃动，也不要耸肩借力，要始终保持身体与肩膀的稳定，感觉肩部有酸胀感。

图5-118　　　　　　　　　　　　　图5-119

（九）坐姿俯身哑铃反向飞鸟

坐在凳子上，身体向前折叠，低头俯身在大腿上方；双手握住哑铃，拳心朝内，双臂下垂，手肘微屈，哑铃落于大腿两侧靠下的位置，手臂垂直于地面（图5-120）。

肩后发力，手臂向上、向外展开，至手臂与地面平行位置，稍作停留；肩膀保持稳定，手臂外旋缓慢下落，至手臂垂直于地面（图5-121）。

图5-120　　　　　　　　　　　　图5-121

呼气时外展，吸气时还原。注意，在运动过程中，身体不要晃动，不要耸肩，选择适当重量的哑铃，躯干和肩膀始终保持稳定，感觉肩后部有酸胀感。

（十）并握哑铃前平举

两脚分开站立，挺胸收腹，两手掌心朝向身体，手肘微屈，双臂下垂，双手握住哑铃落于大腿前方（图5-122）。

双臂向前、向上抬起，将哑铃举至齐肩位置，然后呼气克服阻力，将哑铃降回到起始位置（图5-123）。

注意运动过程中保持身体稳定，手臂持续紧张并微屈，这个动作对胸大肌上部和肱二头肌也有一定的刺激，但是主要刺激三角肌前束。

图5-122　　　　　　　　　　　　图5-123

（十一）绳索面拉

根据身高，将绳索调整到训练者前胸上方位置，向后退一步，稳定身体，双臂伸直，膝盖微微弯曲，双手抓住绳索手柄；肩胛骨先后移、固定，将背部收起，手臂后拉到半程时，顺势上抬外旋小臂，拉至面前，稍作停顿（图5-124）。

感受后肩强烈的挤压感，然后有控制地还原。完成4组，每组15次（图5-125）。

练习到肩后束肌肉，对肩袖肌群也有很好的训练效果，可以有效地减少肩部损伤，并改善圆肩体态，可以经常练习。

 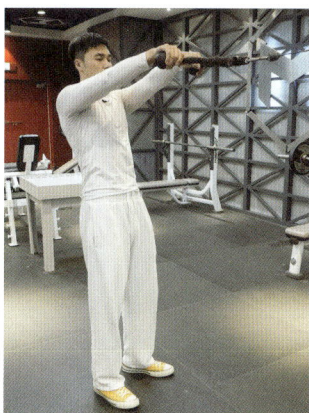

图5-124　　　　　　　　　　　　　图5-125

（十二）蝴蝶机反向飞鸟

反过来坐在蝴蝶机上，面对椅背，将手柄高度调整到与肩平行，双手正握手柄置于胸前，挺胸抬头，保持脊椎中立（图5-126）。

后肩发力，外展肩部，带动手臂向后画一条弧线展开，直到手臂和躯干在同一平面内，停留1~2秒，做顶峰收缩，如此反复（图5-127）。

图5-126　　　　　　　　　　　　　图5-127

（十三）绳索俯身单臂侧平举

俯身单手握住低位滑轮的手柄，弯腰，躯干几乎与地面平行，双腿稍微弯曲，右手放在右大腿下侧（图5-128）。

左臂垂直于身前，肘部轻微弯曲，侧平举起手臂，一直到手臂和耳朵同高且与地面平行。慢慢还原，做完一侧后，换另一侧（图5-129）。

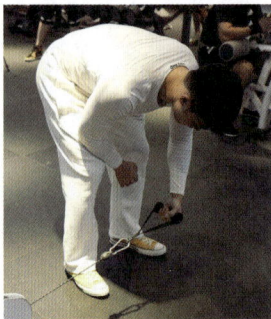

图5-128　　　　　　　　图5-129

第五节　臂部力量训练

一、臂部无器械训练

（一）二头弯举

腹部收紧，肩膀后缩下沉，双腿并拢站立，双手握住矿泉水瓶，拳心朝前，大臂贴紧身体，肘关节发力，手臂弯曲举起矿泉水瓶，直至矿泉水瓶接近胸部位置，稍作停顿，缓慢卸力下落，还原至起始位置。手臂下落在最低点时不要完全放松，也不要完全伸直（图5-130、图5-131）。

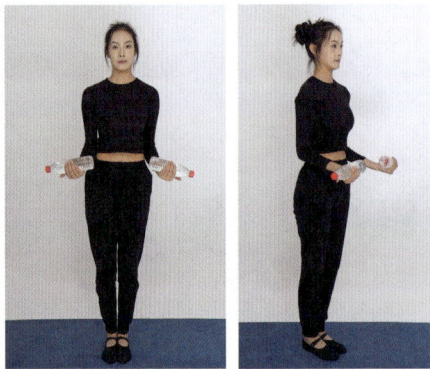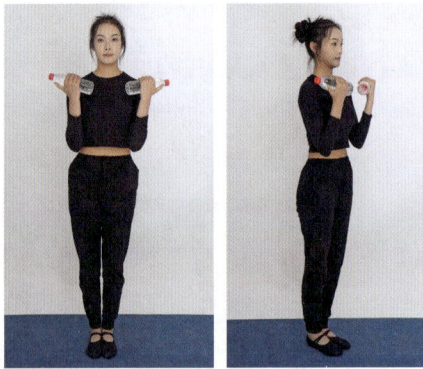

图5-130　　　　　　　　　　　图5-131

呼气弯曲，吸气下落。肘关节弯曲时，大臂前侧有明显收缩发力感，下落到最低点时，整个手臂感受紧绷感。

（二）俯身臂屈伸

自然站立，膝盖微屈，挺直腰背，双手对握矿泉水瓶，拳心相对，大臂贴于身体两侧；手臂发力伸直，稍作停顿后屈肘，反复练习（图5-132、图5-133）。

图5-132   图5-133

呼气时发力，伸直手臂，吸气时屈肘，下放矿泉水瓶。动作全程背部保持紧绷，发力伸直手臂时，大臂后侧有明显收缩感，练习次数过多会出现轻微灼烧感。注意，不要弓腰，俯身幅度小一些，运动过程中背部保持平直，大臂紧贴于身体两侧夹紧。

（三）锤式弯举

腹部收紧，肩膀后缩下沉，双脚分开与肩同宽站立，双手对握矿泉水瓶，拳心相对，大臂贴紧身体。以肘关节为主发力，弯曲手臂抬起矿泉水瓶，至接近胸部位置，稍作停顿。缓慢卸力下落还原至起始位置，在最低点时不完全放松，手臂不完全伸直。反复练习（图5-134、图5-135）。

呼气时弯曲，吸气时下落。弯曲时，大臂前侧有明显收缩发力感，下落到最低点时，整个手臂可以感受到紧绷感。

图5-134   图5-135

（四）交替弯举

腹部收紧，肩膀后缩下沉，双脚分开与肩同宽站立，双手握住矿泉水瓶放于身体两侧。以肘关节为主发力，弯曲一侧手臂抬起矿泉水瓶，直至接近胸部位置，同时旋转手臂使拳心向上，稍作停顿。缓慢卸力下落还原至起始位置，运动到最低点时不要完全放松，手臂不完全伸直。稍作停顿后，继续另一侧的弯举练习（图5-136、图5-137）。

弯曲时呼气，下落时吸气。弯曲时，大臂前侧有明显收缩发力感，下落到最低点时，整个手臂有紧绷感。

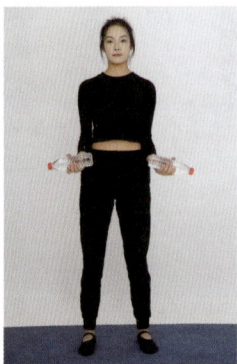

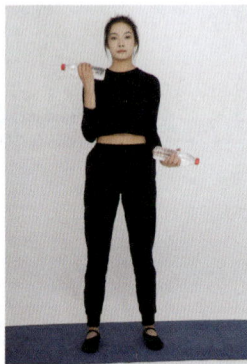

图5-136   图5-137

（五）颈后臂屈伸

双脚分开与肩同宽站立，抬头挺胸，双手握住矿泉水瓶向上举起，上臂垂直于地面。双手向后弯曲，将矿泉水瓶下放至颈部后侧并拢。手臂后侧肌肉发力，将矿泉水瓶再次上举，反复练习（图5-138、图5-139）。

呼气上举，吸气下放。上举时，上臂后侧有明显收缩感，下放到最低点时，上臂右侧有轻微牵拉感，保持一定紧绷感，不要完全放松。

图5-138   图5-139

二、臂部器械训练

（一）哑铃交替弯举

收紧腹部，肩部后缩下沉，双脚分开与肩同宽，呈外八字站立，双手握住哑铃横向放于髋部两侧，拳心向前（图5-140）。肘关节发力，弯曲一侧手臂抬起哑铃，直至哑铃接近胸部侧方位置，同时旋转手臂使拳心向上（图5-141）。

缓慢卸力下落还原至起始位置，在最低点时不完全放松，手臂不完全伸直，稍作停顿，开始另一侧的弯举练习（图5-142、图5-143）。

图5-140　　　　　　　图5-141　　　　　　　图5-142　　　　　　　图5-143

弯曲时呼气，下落时吸气。弯曲时，大臂前侧有明显收缩发力感，下落到最低点时，整个手臂有紧绷感。

（二）杠铃弯举

双脚开立，腰背挺直，双手反握杠铃，将杠铃置于大腿前侧；大臂贴住躯干进行弯举，至顶端稍作停留后还原，肩膀要始终保持稳定（图5-144、图5-145）。

图5-144　　　　　　　　　　　　图5-145

下放吸气，弯举呼气，可感觉到大臂前侧有酸胀感。注意，不要晃动身体、耸肩、抬肘借力，身体与肩膀需要始终保持稳定，大臂尽量贴住躯干。

（三）哑铃锤式弯举

双脚并拢，收紧腹部核心，肩膀后缩下沉，双手对握哑铃，拳心朝向身体，大臂贴紧身体（图5-146）。

发力以肘关节为主，弯曲手臂抬起哑铃，直至哑铃接近胸部位置，稍作停顿（图5-147）。

缓慢卸力下落还原至起始位置，在最低点时不完全放松，手臂不完全伸直（图5-148）。

图5-146　　　　　　　　　　　图5-147　　　　　　　　　　　图5-148

弯曲时呼气，下落时吸气。弯曲时，大臂前侧有明显收缩发力感，下落到最低点时，整个手臂有紧绷感。

（四）左侧哑铃孤立弯举

坐于长凳上，双腿打开，左侧大臂外侧贴住左大腿内侧，位置固定不动（图5-149）。

左手握住哑铃，拳心向内，弯举时注意速度不要过快（图5-150）。

图5-149　　　　　　　　　　　图5-150

还原时吸气，弯举时呼气。发力时，左大臂前侧有明显收缩感，小臂前侧保持一定程度的紧绷感。注意不要将肘关节放在大腿上，小臂发力过多会导致小臂提前疲劳，可以将肘关节靠在大腿内侧。

（五）右侧哑铃孤立弯举

坐于长凳上，双腿打开，右侧大臂外侧贴住右大腿内侧，位置固定不动（图5-151）。

右手握住哑铃，拳心向内，弯举时注意速度不要过快（图5-152）。

图5-151　　　　　　　　　　　　图5-152

还原时吸气，弯举时呼气。发力时，右大臂前侧有明显收缩感，小臂前侧保持一定程度的紧绷感。注意不要将肘关节放在大腿上，小臂发力过多会导致小臂提前疲劳，可以将肘关节靠在大腿内侧。

（六）曲杆弯举

双脚分开与肩同宽站立，收紧腹部核心，肩膀后缩下沉，双手反握住曲杆弧度位置，握距应比肩略宽，大臂贴紧身体（图5-153）。

发力以肘关节为主，弯曲手臂带动曲杆运动，直至曲杆接近胸部位置，稍作停顿，缓慢卸力下落还原至起始位置，在最低点时不完全放松（图5-154）。

图5-153　　　　　　　　　　　　图5-154

还原时吸气，弯举时呼气。弯曲时，大臂前侧有收缩发力感，下落到最低点时，整个手臂有紧绷感。注意弯曲时不要身体前后摆动借力，否则会导致训练效果变差和腰部不适。

（七）曲杆窄握弯举

双脚分开与肩同宽站立，收紧腹部核心，肩膀后缩下沉，双手反握曲杆弧度位置，握距略窄于肩，大臂贴紧身体。发力以肘关节为主，弯曲手臂带动曲杆运动，直至曲杆接近胸部位置，稍作停顿。缓慢卸力下落还原至起始位置，在最低点时不完全放松（图5-155）。

图5-155

还原时吸气，弯举时呼气。弯曲时，大臂前侧有收缩发力感，下落到最低点时，整个手臂有紧绷感。注意弯曲时不要身体前后摆动借力，否则会导致训练效果变差和腰部不适。

（八）上斜哑铃弯举

坐于凳上，靠背调至45度，后背靠在靠背上，腰背挺直；双手握住哑铃，拳心朝前，手臂与地面垂直，做弯举动作（图5-156）。

图5-156

下放时吸气，上举时呼气。感觉大臂前侧有酸胀感。注意不要耸肩、过度抬肘借力，可以减轻哑铃重量。

（九）窄距杠铃卧推

双手全握杠铃，为了安全和稳定性，握距略窄于肩，如果太宽练到的就是胸肌而不是肱三头肌了，下落时落点应该在胸部上方，这样肱三头肌会有更强烈的拉伸感（图5-157）。

（十）杠铃仰卧臂屈伸

相对于哑铃，杠铃更容易加到更大的重量，建议开始的几个动作，在可控范围内选择较大的重量以充分刺激肱三头肌的每一个头。

自然打开肘部，不要让肘关节感到不适，快起慢放，在下落时感受肱三头肌的充分拉伸（图5-158）。

（十一）过头绳索臂屈伸

左右上臂贴近耳部并保持竖直，不摇动，以保持肱三头肌的集中负荷。通过收缩肱三头肌，逐渐伸展肘关节，把前臂向上前伸，直到臂部完全伸直，肱三头肌彻底收紧（图5-159）。

图5-157

图5-158

图5-159

挺伸前臂时吸气，有助于增加肌肉张力和力量输出；屈降时呼气，可帮助肌肉放松，避免因紧张导致肌肉酸痛。

（十二）反手直杆下压

直立，双脚分开与肩同宽，膝盖微微弯曲。反手持杆，手掌朝向身体，手肘略微向外展开。将直杆置于锁骨前侧，手肘弯屈，吸气，缓慢地将直杆下压至腹部，保持手肘稳定，避免过度外展；呼气，用背部和肩部的力量将直杆推回起始位置。在下压过程中，背部保持挺直，避免弯腰或耸肩（图5-160）。

图5-160

（十三）双杠臂屈伸

双手握住双杠，手臂伸直，身体保持平衡，双脚离地，利用手臂力量向上挺直。慢慢弯曲肘部，让手臂下沉，直到手臂与地面平行或形成稍低于90度的角度，注意保持身体稳定，不要前后摇摆。用力推动双杠，伸直手臂，回到起始位置，身体尽量保持直立。在整个过程中，核心肌群要保持紧张状态，以维持身体稳定（图5-161）。

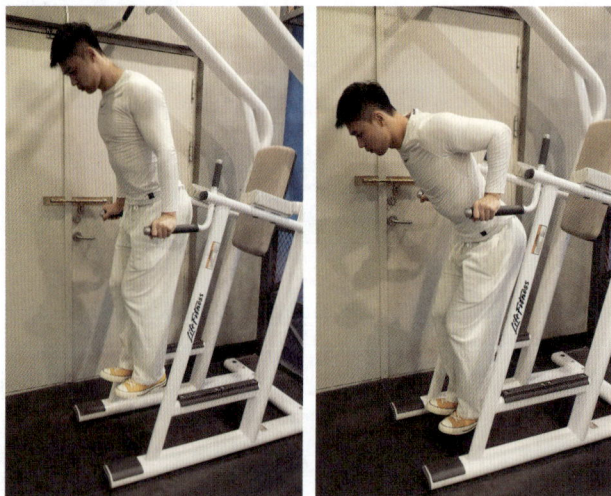

图5-161

第六节 腿部力量训练

一、腿部徒手训练

（一）深蹲

腰背挺直，脚跟与肩同宽，膝盖与脚尖方向一致，不要内扣，拳眼相对，手臂前平举（图5-162）。

下蹲时，手掌张开，手心相对。下蹲动作自然流畅，臀部向后移动，至最低点时大腿与地面近似平行，然后起身还原，全程保持腰背挺直（图5-163）。

下蹲时吸气，起身时呼气。下蹲时，臀部和大腿前侧有轻微牵拉感，蹲起时，臀部和大腿前收缩发力，臀部更加明显，保证膝盖与脚尖方向一致，动作全场保持腰背挺直。

图5-162

图5-163

（二）靠墙静蹲

双脚分开，与肩同宽，双手放于大腿上，缓慢下蹲至大腿与地面平行，保持住，下背紧贴墙面，感受膝盖附近肌肉发力。全程保持均匀呼吸，膝关节和大腿前侧有酸胀感（图5-164）。

注意小腿与地面垂直，离墙壁不要太远，下背贴住墙面，将尾骨稍向内卷。

（三）深蹲交替提膝

双脚分开比肩稍宽站立，屈肘，双手握拳放于胸前。屈髋下蹲至大腿与地面平行，下蹲时膝

图5-164

盖与脚尖方向一致（图5-165）。

站起时重心位于脚掌外侧，用力绷紧支撑腿一侧的臀部；另一侧腿提膝至最高点，身体同时向提膝一侧扭转，双腿交替提膝（图5-166）。

图5-165   图5-166

下蹲时吸气，站起时呼气。动作连贯流畅，站起时，臀部和大腿前侧明显收缩发力。注意站起后完全站直，将身体挺到最高。

（四）行进箭步蹲

双脚并拢，自然站立，腰背挺直，双手叉腰。向前迈出呈弓步，后腿脚尖点地冲前，与膝关节在同一方向，换腿向前迈出，动作与之前一致（图5-167、图5-168）。

图5-167   图5-168

屈膝时吸气，伸膝时呼气。大腿前侧有酸胀感，注意前腿踝、膝、髋三个关节呈90度。

（五）仰卧直腿开合

臀部贴地，大腿抬起与地面垂直，膝盖微屈，双手放于身体两侧（图5-169）。

双腿张开至最大幅度，腿内侧发力夹腿（图5-170）。

图5-169　　　　　　　　　　　　　　图5-170

夹腿时呼气，下放时吸气。在最低处大腿内侧有牵拉感，在抬起过程中大腿内侧有一定发力感。注意动作要放慢，不要过快，感受大腿内侧的牵拉感。

（六）缓冲深蹲

双脚并齐站立，双手下垂放置身体两侧（图5-171）。

屈髋下蹲至大腿平行于地面的同时，双臂前平举至水平，掌心朝下，膝盖与脚尖方向一致，腰背挺直（图5-172）。

发力向上跳起，同时双脚并拢，双手收回身体两侧（图5-173）。

再次向上跳起，同时分开双腿，落地屈膝下蹲缓冲，同时双臂前平举，至起始位置。

跳起时呼气，下蹲时吸气。大腿前侧有酸胀感，注意下蹲时，身体不要过于前探，保持腰背挺直，臀部向后伸。

图5-171　　　　　　　图5-172　　　　　　　图5-173

（七）半蹲左右移动

腰背挺直，双腿微屈，膝盖与脚尖方向一致，不要内扣，重心压低，双手相握，屈肘放于胸前（图5-174）。

保持半蹲姿势向左侧横向行走一步，再向右走一步，交替往复（图5-175）。

自然呼吸。大腿前侧有酸胀感，注意保证膝盖与脚尖方向一致，动作全程保持腰背挺直。

图 5-174

图 5-175

（八）侧卧左腿上抬

左侧卧，左腿伸直，右腿屈曲在前；左手抱头，右臂屈曲在前（图 5-176）。

左大腿内侧发力抬起左腿，全程收腹，保持骨盆不发生旋转（图 5-177）。

发力抬腿时呼气，下落时吸气。左侧大腿内侧有收缩感，注意下落时左腿不要着地，抬腿的过程中下半身不要发生扭转，收腹，保持骨盆不发生旋转。

图 5-176

图 5-177

（九）侧卧右腿上抬

右侧卧，右腿伸直，左腿屈曲在前；右手抱头，左臂屈曲在前（图5-178）。

右大腿内侧发力抬起右腿，全程收腹，保持骨盆不发生旋转（图5-179）。

发力抬腿时呼气，下落时吸气。右侧大腿内侧有收缩感，注意下落时右腿不要着地，抬腿的过程中保持骨盆不发生旋转。

图5-178

图5-179

二、腿部器械训练

（一）杠铃深蹲

双腿分开，比肩稍宽站立，腰背挺直，双脚呈外八字，脚尖与膝盖同方向，双手握住杠铃置于肩膀后侧，拳心朝向前方，膝盖弯曲缓慢下蹲，膝盖不要超过脚尖位置，下蹲至大腿与地面平行（图5-180）。

起身时脚趾抓地挺髋蹲起，重心始终位于脚底中部，腰腹背始终收紧。吸气时下蹲，呼气时起身。注意膝盖要与脚尖同方向，下蹲时，臀部向后、向下坐，充分拉伸臀大肌。当重量过大时，吸气憋住，下蹲站起后调整呼吸。最低点时，臀部和大腿前侧有牵拉感，蹲起时，臀部和大腿前侧有强收缩发力感。

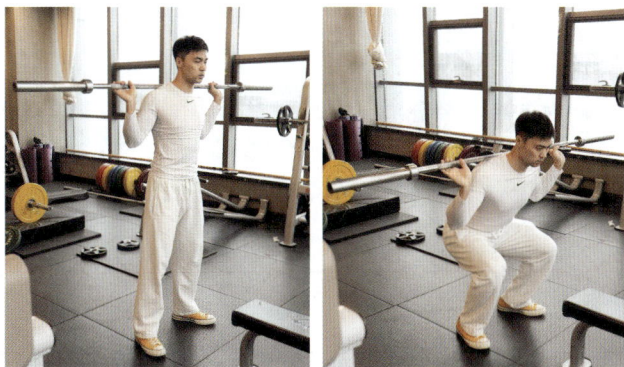

图5-180

（二）杠铃颈前深蹲

双脚分开比肩稍宽站立，双脚呈外八字展开，脚尖与膝盖同方向，腰背挺直，双臂弯曲，大臂与地面平行，双手腕部交叉，手指握住杠铃，置于肩部前侧。膝盖弯曲，缓慢下蹲，至大腿与地面平行，膝盖不超过脚尖（图5-181）。

起身时脚趾抓地挺髋蹲起，重心始终位于脚底中部，腰腹背始终收紧，蹲下时吸气，蹲起时呼气，当重量过大时，吸气憋住，下蹲站起后调整呼吸。

蹲下至最低点时，臀部和大腿前侧有牵拉感，蹲起时，臀部和大腿前侧有强收缩发力感，膝盖要与脚尖同方向，下蹲时，臀部向后、向下坐，充分拉伸臀大肌。若手腕不适，可采用颈后深蹲的方式。

图5-181

（三）杠铃行走箭步蹲

自然站立，双手握住杠铃置于肩部后方，背部挺直，挺胸收腹。向前方迈出一步，脚后跟先着地屈膝下蹲，至双腿膝关节呈90度。起身站立，后侧腿前移跟上与前侧腿并拢。站稳后再将后侧腿向前迈出并下蹲，如此双腿交替向前行走（图5-182）。

图5-182

（四）坐姿腿屈伸

坐在器械凳上，双脚脚尖朝外，脚背顶住前方柱垫，双手握紧两侧手柄。小腿发力迅速提起，腿部伸直时停留1～2秒，然后缓慢下落（图5-183）。

这个动作主要是锻炼股四头肌，注意运动过程中背部向后靠实，不要让上肢借力，要适当慢放股四头肌的收缩；反复练习3～5组，每组8～12次。

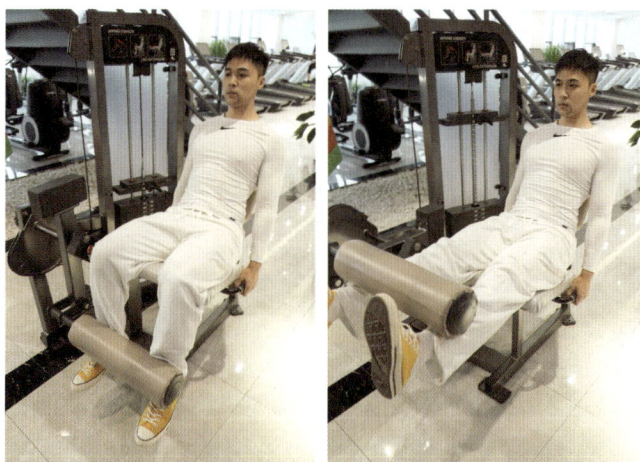

图5-183

（五）俯身腿弯举

俯身卧在器械凳上，膝盖超出末端，调整合适的配重，小腿向上弯曲，脚踝后部卡在柱垫下方，双手抓住手柄，收缩腘绳肌。腿部发力，使柱垫朝向臀部运动，挤压腘绳肌感受充分收缩，之后缓慢回落到初始位置（图5-184）。

做动作的过程中保持躯干平直，反复练习4～5组，每组8～12次。

图5-184

（六）哑铃直腿硬拉

双脚分开与肩同宽站立，微屈膝关节，掌心朝向身体，双手分别握住哑铃，置于身体前侧。挺直腰背部，髋关节弯曲，慢慢向前俯身，感受腘绳肌有强烈的拉伸感，收缩臀肌起身还原。反复练习3~5组，每组8~12次（图5-185）。

图5-185

（七）器械提踵

坐在凳子上，双脚踩地，选用适合重量的哑铃，双手分别握住哑铃，拳心相对，分别置于双腿上方。翘起脚跟，脚掌前半部分撑起哑铃，通过脚腕的前倾将器械向上推起。之后回落，反复练习（图5-186）。

注意感受达到最高位置的收缩感。动作过程中要平缓，慢起慢落，反复练习3~5组，每组15~20次。

图5-186

第七节　臀部力量训练

一、臀部徒手训练

（一）臀桥

仰卧在垫子上，双腿分开略宽于肩，双脚踩地，发力将臀部向上抬起，上背部支撑地面，至大腿与身体呈一条弧线，臀部悬空，感受臀部慢慢离开垫子，到顶部后，臀部有强烈的收缩挤压感。头部、肩部、手臂始终不离地，短暂保持（图5-187）。

图5-187

呼气时臀部抬起，吸气时臀部下落。注意不要过度挺腰，避免腰部发力感觉明显。臀部抬起时，控制身体沿下背至中背部慢慢离开地面。

（二）侧卧蚌式

右侧着地，侧卧于垫子上，膝盖微屈，双腿并齐，双脚并拢，右侧肘部弯曲枕于头下，左手肘部弯曲，支撑于身体前方，肩、髋和脚跟形成一条直线。在身体稳定的前提下尽可能旋高左腿，左膝抬高，向上、向后旋左髋，贴实双脚。抬至最高点时还原至初始位置，如此反复训练（图5-188）。

换侧练习（图5-189）。吸气时还原下落，呼气时向上、向后旋出。腹部收紧，侧臀部收紧，注意身体不要前后晃动，不要过于追求动作的幅度。

图5-188

图5-189

（三）相扑深蹲

双脚分开约两倍肩宽的跨度，脚尖分别朝向斜前方；抬头挺胸，双手交叉握置于胸口（图5-190）。

脚部不动，双腿弯曲，身体下蹲，到大腿平行于地面位置，膝盖方向与脚尖方向保持一致（图5-191）。

呼气时蹲起，吸气时下落。注意运动过程中膝盖不要内扣，膝关节和脚尖方向一致，上半身保持挺直。下蹲时，臀部稍微向后坐，臀部和大腿内侧慢慢产生拉伸感，蹲起时，臀部和大腿内侧主动收缩发力。

图5-190   图5-191

（四）站姿侧抬腿

双手叉腰站立，双脚并拢，重心向右倾斜，左腿向侧面抬起，至最高点，然后缓慢放回，反复进行抬腿回落。动作速度不宜过快，动作全程上身保持稳定，左脚不要落地（图5-192）。

换侧练习（图5-193）。

呼气时抬腿外展，吸气时落腿。臀部外侧有收缩紧张感，动作全程尽量稳定上半身，可以

图5-192   图5-193

扶住身边的桌椅或者墙壁保持稳定，身体不要随着腿部的运动而晃动。

（五）跪姿侧后踢腿

双膝跪于垫子上，双手撑地，掌尖朝向前方，左膝保持弯曲着地，右膝离地抬起，尽力向后、向上伸展踢出，直到伸直。踢腿的同时收腹，稍作停留，收腿（图5-194）。

换侧练习（图5-195）。

吸气时收腿，呼气时伸展。可以感受到臀部外侧有明显的收缩感。注意踢腿速度不宜过快，运动中身体不要出现晃动现象，动作速度适中，动作全程控制上身和骨盆的稳定性。

图5-194

图5-195

二、臀部器械训练

（一）坐姿器械髋外展

坐在器械凳上，双腿微微展开，双脚踩在踏板上，双手握住两侧手柄，大腿和小腿外侧卡在器械的辅助垫上（图5-196）。

髋部发力，带动双腿把器械推向两侧打开。臀中肌和臀小肌形成挤压，缓慢并拢双腿，回到起始姿势（图5-197）。

注意器械髋外展是用器械帮助稳定核心和平衡，也可以采用站姿进行训练。

图5-196　　　　图5-197

（二）臀推

坐在垫子上，上身倾斜，肩部靠于平板凳侧方，双脚打开比肩稍宽，双脚踩地支撑，调整好脚的位置，脚尖微微向外呈八字，膝盖与脚尖方向一致。臀部抬起，小腿与地面垂直，双手握住杠铃，拳心朝下，把杠置于髋关节上部，稳定握住杠铃杆的双手（图5-198）。

下颏收紧，臀大肌发力，将髋部及杠铃向上挺起，直至肩、髋、膝在同一水平线上，稍作停留，还原至初始动作（图5-199）。

注意不要过度伸展关节，停留时感受臀肌挤压，在臀大肌的控制下缓慢降低臀部，尽量下压但不要接触垫子。

图5-198   图5-199

（三）站姿杠铃片髋外展

侧身站立于支撑物旁，左手扶着墙或其他稳定的支撑物，保持身体平稳，抬起右腿，左腿直立，左脚着地，重心落于左腿，右手抓住杠铃片置于右大腿上。髋部发力，右腿向外侧抬高，稍作停留，缓慢把右腿放下，回到起始姿势（图5-200）。

换侧重复练习（图5-201）。

注意动作过程中感受臀中肌和臀小肌的挤压感。

图5-200   图5-201

（四）哑铃深蹲

自然站立，双脚跨度略大于肩宽，双脚呈外八字，双手与肩同宽，对握哑铃举至肩上，拳心相对，小臂垂直于地面；肩部下沉，腹部收紧，臀部后移下蹲，身体重心落在脚后跟上。当下蹲到臀部低于膝盖时，略作停顿，起身站起。动作全程始终挺直背部，目视前方，膝关节与脚尖的朝向一致（图5-202）。

呼气时起身，吸气时下蹲。下蹲时大腿前侧与臀部有牵拉感，起身时感受到收缩感。

图 5-202

（五）杠铃相扑硬拉

双脚分开站立，跨度大概为肩宽的两倍，背部保持挺直，手臂向下，双手握住杠铃，拳心朝向身体，置于大腿前侧。臀部和大腿后侧收缩发力，臀部向后，身体下压，将杠铃下放至膝盖下方。脚后跟蹬地，肩胛骨后缩，臀部夹紧，身体挺直带动拉起杠铃，杠铃沿着身体前侧运动（图5-203）。

呼气时拉起，吸气时下放。注意双脚一定要分开，距离不宜过近，否则会导致臀部刺激不到位。拉起时，整个背部感受紧绷感，杠铃重量较大时，憋住吸气，完成一个完整动作后再调整呼吸。

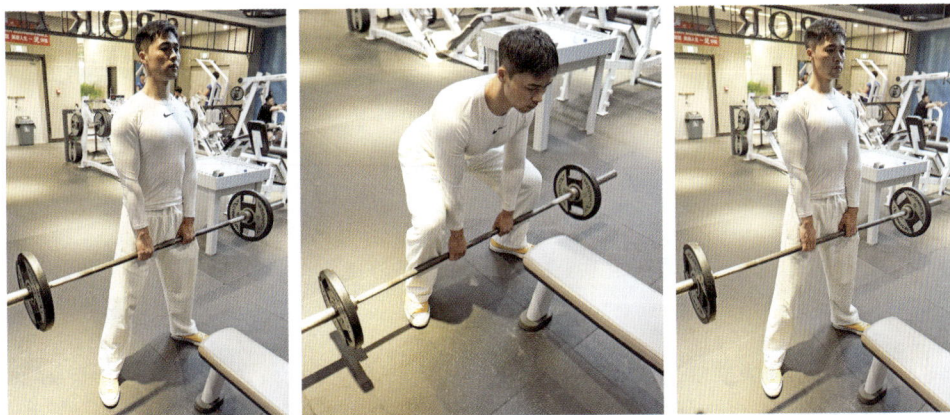

图 5-203

第八节　腰腹力量训练

一、腰腹徒手训练

（一）卷腹

平躺在垫子上，膝盖弯曲，双脚踩地，双腿分开与肩同宽，肘部弯曲，双手向上扶于两耳旁。腹肌发力，肩部和上背部向上抬起离开地面，肘部由两侧转向前方，在最高点位置略作停顿，缓慢放下身体，回到起始位置（图5-204）。

呼气时卷腹，吸气时下落身体。注意整体运动过程中，下颌始终贴紧颈部，不要用力伸颈部，否则会导致颈部疼痛，保持颈部后缩。卷腹时，保持下背部紧贴于地面，起身时，上腹部收缩发力，手肘保持向外打开，双腿放松。

图5-204

（二）仰卧举腿

仰卧于垫子上，双臂贴地面放平，膝盖微屈，大腿向上抬起与身体约呈70度。下腹发力抬起臀部，小腿向上抬，垂直于地面，重心位于中背部。至最高点略作停顿，回到起始位置（图5-205）。

呼气时抬腿，吸气时下放。注意运动过程中不要用力蹬腿，动作速度放慢，不要由惯性带起臀部，身体要有弹性地进行收缩伸展。腿向上抬起时，腹部有收缩发力感，下腹部感觉更加明显。

图5-205

（三）屈膝收腹

后仰坐于垫子上，使臀部着地，手臂后伸，肘部弯曲，手掌撑地，双腿抬起，膝盖微屈。稳定身体，腹肌绷紧发力，收腹的同时双腿向身体方向做收腿动作，身体微屈，稍作停留，还原至初始位置（图5-206）。

吸气时伸腿，呼气时收腿。注意运动过程中始终保持腹部发力，腹部感受到酸胀感，也可以适当增大背部弯曲的幅度。

图5-206

（四）卷腹摸膝

平躺在垫子上，弯曲膝盖，双腿分开与肩同宽，双脚踩地，双手轻轻放在大腿上方（图5-207）。

腹肌发力，将肩部和上背部卷离地面，双手顺着大腿向上，在双手触摸到膝盖后，缓慢回到起始位置（图5-208）。

呼气时摸膝，吸气时下落。摸膝时双臂始终伸直，下背部保持紧贴地面，腹部有明显收缩发力感，上腹更加强烈，下颏始终贴紧颈部，后缩颈部时不要用力向前探。

图5-207　　　　　　　　　　　　　　图5-208

（五）反向屈腿卷腹

仰卧在垫子上，背部贴紧地面，双手放于身体两侧。双腿与臀部组合整体发力，弯曲膝盖，抬起双腿，勾起脚尖，继续向上抬腿。下腹发力使臀部抬离地面，稍作停留，双腿下落恢复小腿平行于地面的初始动作（图5-209）。

呼气抬腿，吸气下落。动作不宜过快，大腿上抬至与地面垂直的位置时，下腹需要主动发力抬起臀部，而不是借助动作惯性力量。双腿回落时，腹部要感受到强烈的紧绷感，抬起时，下腹部明显收缩发力。

图 5-209

（六）单腿两头起

仰卧于垫子上，双腿并拢伸直，双臂向头上方伸直，手心朝上。腹肌发力起身，抬起一侧腿，后背卷曲，起身时腿与上身同时抬起，单腿竖起至垂直地面位置，同时双手向上抬起碰触抬起的脚尖（图5-210）。

换侧练习（图5-211）。

吸气下放，呼气起身。腰部始终放松，不应有紧绷感，伸直腿时腰部离地，控制腿下落的幅度，不要过低，腹部有感觉即可，下放时保持全身紧张。

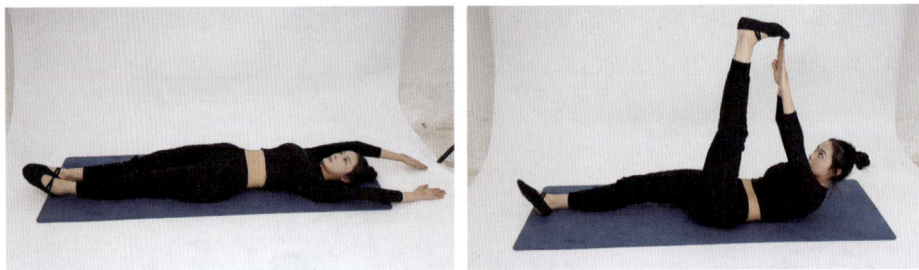

图 5-210

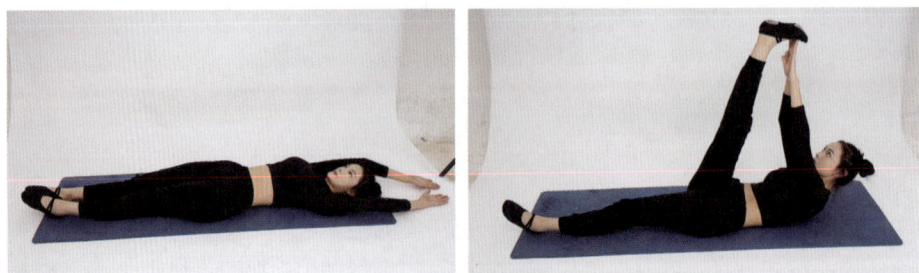

图 5-211

（七）仰卧交替抬腿

仰卧在垫子上，下背部贴紧地面，双手放于身体两侧，脚尖勾起，双腿伸直，交替抬起落下（图5-212）。

均匀呼吸，持续运动，整个腹肌会感受到紧绷感和灼烧感。注意动作过程中不宜过快，保证上身稳定性，不要摆动，减小腿部动作幅度。

图5-212

（八）快速空中蹬车

仰卧于垫子上，臀部和腰部贴地，双手扶于两耳旁，腹肌发力，将肩部和上背部向上挺起。双腿交替屈膝抬起，同时转动上身将手肘朝前送，用手肘触碰对侧膝盖（图5-213）。

呼气时转身，吸气时在中间位置。转体时腹肌沿斜对角方向有挤压感。注意动作不宜过快，适当放缓动作速度，下背部保持紧贴地面，手肘保持向外打开并固定，用力提膝，将膝盖靠近手肘。使用背部、腿部力量带动身体，另一侧腿下放的同时伸直，脚跟不要触碰地面。

图5-213

（九）平板支撑

俯身于垫子上，肘关节弯曲，肘关节与前脚掌撑地，小臂按紧地面，手肘朝脚的方向用力，脚尖用力向前勾起，身体呈一条直线（图5-214）。

自然呼吸。注意腹肌没有力量时不要继续坚持，否则会导致腰部酸痛，可以适当休息，肩部、背部、臀部和整个腹部都应该有紧绷感，其中腹部感觉最为强烈。

图5-214

（十）仰卧交替摸脚

仰卧于垫子上，腰部贴地，双腿弯曲，双脚踩地，头部和肩部抬起，下颏紧贴颈部，骨盆位置固定，移动双肩，扭动身体，交替伸手用指尖触摸脚后跟（图5-215）。

注意动作过程中颈部的受力不要过大，可以适当抬高双肩离开地面的高度，让腹肌比颈部先力竭，腹部始终保持紧绷感，交替摸脚时腹部两侧有灼烧感。

图5-215

二、腰腹器械训练

（一）下斜卷腹

调整凳子倾斜角度为大概下斜30度，后背躺靠在凳子上，头部稍稍抬起，双脚固定于固定器上，双臂向身体下方伸展，双手置于大腿上方，但是不要贴在大腿上，手心朝下（图5-216）。

腹部发力，将腰部以上的身体向上卷起，腰部始终贴实凳子，到达最高点位置后略作停顿，缓慢释放力量，向下还原身体（图5-217）。

吸气时还原，呼气时卷起。注意上半身向上卷起时，不是借力挺起来，要控制起身速度，整个脊柱要向前弯曲，慢慢地一节一节地卷起，而且上腹部有明显收缩发力感，在最高点有挤压感。

图5-216   图5-217

（二）健身球直腿反向卷腹

仰卧于垫子上，双臂贴地平放于身体两侧，掌心朝下，用小腿和脚踝夹紧健身球，膝盖微屈，将健身球夹紧缓慢抬起（图5-218）。

夹球做卷腹运动，抬腿时臀部离开地面，至双腿垂直地面，稍作停留，双腿夹球回落，后腰始终紧贴地面，下落时健身球不要触地（图5-219）。

吸气时还原，呼气时抬腿。注意，动作全程不宜过快，速度减慢，动作中不要形成惯性，卷起时，腹肌下部有明显收缩发力感，腰部始终处于放松状态。

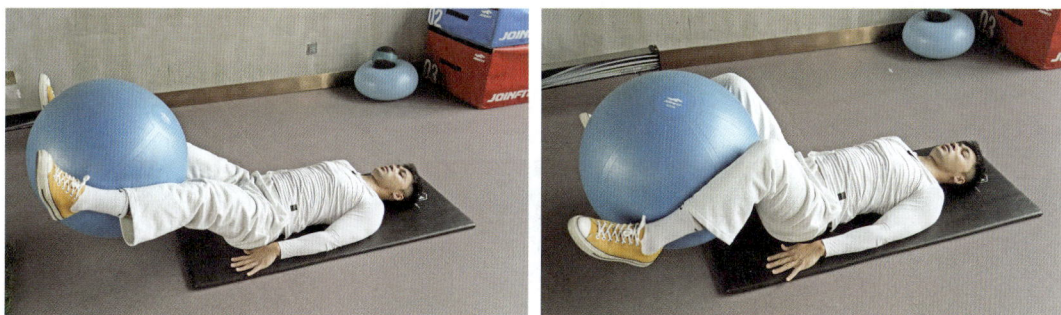

图5-218

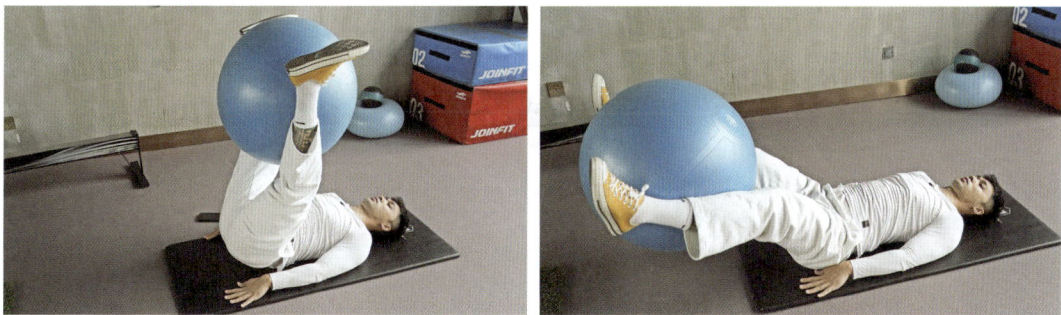

图5-219

（三）杠铃片侧拉

收紧腰腹，双腿分开与肩同宽站立，左手抓住杠铃片在身侧，掌心朝向身体，右手自然下放身体侧方（图5-220）。

稳定身体，保持胯部位置不变，胸椎向左侧侧弯，手持哑铃片落至小腿位置，右侧侧腹发力，身体还原将哑铃片上提回大腿位置（图5-221）。

换侧练习（图5-222）。

侧弯时吸气，还原时呼气。注意，还原时不要耸肩拉起重物，否则会导致侧腹训练效果差，肩部要始终保持下沉，上提时侧腹上侧部分有明显收缩发力感。

图 5-220 图 5-221

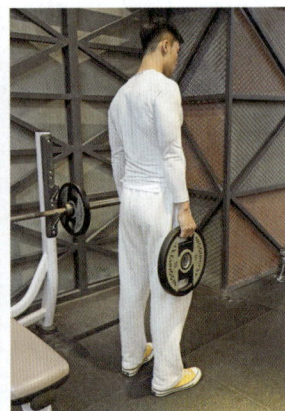

图 5-222

（四）仰卧健身球传递两头起

平躺在垫子上，腰部贴地，双手持健身球，伸展于头部上方（图 5-223）。

将健身球传递至小腿之间，用小腿和脚踝夹紧健身球，双手上举（图 5-224）。

将球由脚传递至双手，伸展之后再卷腹将球由手传递至双脚，使健身球从手到脚再从脚到手传递，做卷腹运动（图 5-225）。

呼气时递球，吸气时下放。注意传递健身球的过程中不要屈膝、屈肘，双臂、双腿要绷紧

图 5-223 图 5-224 图 5-225

伸直，摆动时不能放松膝关节和肘关节，卷腹时腹肌有挤压感，腹部始终保持紧绷感。

（五）跪姿弹力绳卷腹

将弹力绳从中间系于较高的位置，屈腿膝盖着地跪于垫子上，将弹力绳两端从后搭向双肩前侧。双手拳心相对抓住弹力绳置于胸前位置，身体前屈卷腹，俯身向下到身体与地面大致平行的位置，稍作停顿后还原（图5-226）。

图5-226

吸气时还原，呼气时卷腹。注意拉动弹力绳时不要使用手臂力量，可适当减小弹力带拉力，收缩时感觉腹肌有酸胀感。

（六）下斜屈腿反向卷腹

调整凳子角度为向下倾斜30度左右，身体平躺在凳子上，双手向上抓住凳子上方边缘，双腿微曲，腰部贴实凳子（图5-227）。

腹部收缩发力，抬起双腿，臀部和腰部依次离开凳子面，卷起下半身，脚底朝上，膝盖微曲，稍作停留，控制速度还原至起始位置，臀部腰部贴实凳子（图5-228）。

 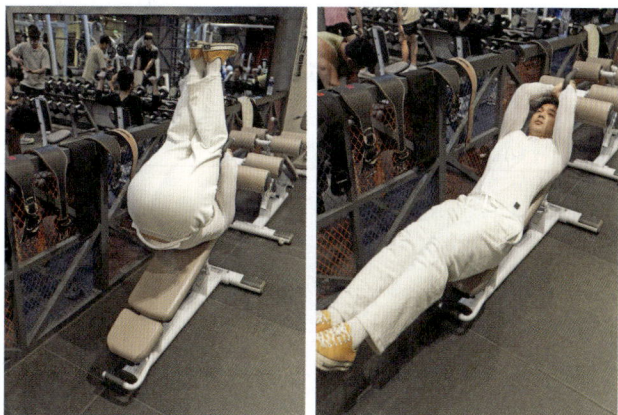

图5-227　　　　　　　　　　　　　　　图5-228

呼气时卷起，吸气时还原。注意卷起时不要借助惯性，速度太快会导致腹部发力感差，使臀部先抬起、腰部后抬起，适当放慢卷起速度，卷起时下腹部有明显收缩发力感，还原时腹部有轻微牵拉感。

（七）杠铃片西西里卷腹

平躺于垫上，双腿踩地，膝盖弯曲，双手握住杠铃片，放于胸部上方，掌心相对，头部略微抬起（图5-229）。

背部用力贴紧地面，挤压腹肌，上身抬起，手持哑铃片做卷腹运动，在最高点稍作停留后还原，动作全程腰尽量贴近地面，保持腹部紧张感（图5-230）。

吸气时下落，呼气时起身。注意运动过程中不要用力伸头，以免导致颈部疼痛，下颔始终贴紧颈部，想象头、颈、胸是一个整体在运动；双腿处于放松状态，卷起时腹部有明显收缩发力感，上腹更加强烈。

图5-229   图5-230

第六章

空乘人员柔韧训练

第一节　柔韧训练概述

柔韧训练是空乘人员形体训练的重要组成部分，通过持续的柔韧训练，空乘人员能够在工作中保持良好的身体状态，提供更为优质的服务。

一、柔韧性

柔韧性是指人体关节活动幅度以及关节韧带、肌腱、肌肉、皮肤和其他运动组织的弹性和伸展能力，即关节和关节系统的活动范围。柔韧性是身体健康的重要组成部分，不仅关系到日常生活中的活动能力，还直接影响到运动表现和受伤风险。

具体来说，柔韧性包括：关节活动幅度，指关节能够在正常生理范围内进行的最大活动范围，如弯曲、伸展、旋转等；组织弹性，涉及肌肉、肌腱、韧带等软组织的弹性，这些组织的弹性越好，身体的柔韧性也越高；抗拉强度，指的是韧带、肌腱等组织的抗拉伸能力，这决定了在外力作用下组织能够承受多大的拉力而不发生断裂；活动性，是关节灵活度和身体部位的移动能力，柔韧性侧重于组织的伸展能力和关节的整体活动范围。

提高柔韧性通常需要通过定期的伸展和柔韧性训练来实现，这样的训练有助于保持肌肉和其他软组织的弹性，增大关节的活动范围，从而提升整体的运动能力和减少受伤的风险。

二、柔韧训练

柔韧训练也被称为伸展运动或者拉伸运动，是一种专门设计的运动方式，其核心目标是提高身体的灵活性，增大关节的活动范围。这种训练方法通过一系列科学设计的、连贯的身体动作有效地提升身体的柔韧性。

柔韧训练分为两大类：一是主动柔韧训练。这种训练侧重于通过肌肉的主动收缩来增大关节的活动范围。例如，在做拉伸运动时，使用肌肉力量推动身体进入一个伸展的姿势。这种训练有助于提高肌肉控制的能力和关节的稳定性。二是被动柔韧训练。与主动柔韧训练相对，被动柔韧训练不需要肌肉的积极参与，而是通过外部力量，如伙伴的帮助或使用器械来达到关节的最大活动范围。通常，由于生理结构的差异，女性和儿童的被动柔韧性相对较强。

在进行柔韧训练之前，应进行适当的热身活动，以预防受伤并提高训练效果。建议每周进行3～5次柔韧性训练，以低强度、长时间和多次数的方式进行，有助于逐渐提高柔韧性。

总之，柔韧训练是一种科学、有效的运动方式，可以提高身体的柔韧性，改善身体的灵活性和体态，对于维护身体健康、提高运动表现力具有重要的作用。

三、柔韧训练的重要性

柔韧训练对于空乘人员形体训练至关重要。不仅能够提高身体的灵活性，还能够预防受伤，促进肌肉恢复，增强身体机能。

1.提高身体灵活性

柔韧训练能够增大关节的活动范围，使身体动作更加流畅，从而提高日常生活中的活动能力和运动时的表现。

2.预防运动伤害

良好的柔韧性有助于减少运动中肌肉拉伤和其他软组织损伤的风险。当肌肉和关节足够柔韧时，它们能够更好地适应突然的力量变化，从而降低受伤的可能性。

3.促进肌肉恢复

定期进行柔韧训练有助于缓解肌肉紧张和疲劳，可促进血液循环，加快肌肉恢复过程。

4.支持身体机能

柔韧训练有助于维持肌肉、肌腱和韧带的健康，保持关节的正常功能，从而支持身体的整体机能。

5.提升运动表现

对于专业运动员而言，良好的柔韧性是提高运动技能和竞技水平的关键因素。例如，在足球、舞蹈、体操等运动中，柔韧性会直接影响到动作的质量和效果。

6.改善体态和身体对称性

通过柔韧训练，可以改善体态，纠正肌肉的不平衡，从而减少由于姿势不良导致的慢性疼痛和功能障碍。

需要注意的是，虽然柔韧训练对健康有益，但过度训练或训练方法不当可能导致关节不稳定甚至变形，特别是在专业领域中，这些风险更为明显。因此，进行柔韧训练时应遵循正确的方法，并在专业指导下进行，以确保安全和训练效果。

第二节　柔韧训练中身体各部位及注意事项

在进行柔韧训练时，身体各个关节都扮演着至关重要的角色。这些关节包括肩膀、肘部、手腕、髋部、膝盖以及脚踝等。每个关节都有其独特的结构和功能，它们共同协作，完成各种复杂的运动和活动。

一、柔韧训练中身体的部位

1.肩关节

肩关节是人体中最为复杂和灵活的关节之一。它位于上肢和躯干之间，起着连接的作用，主要功能是实现上肢的运动，包括旋转、抬举、前后摆动等。肩关节的柔韧性训练是针对肩部肌肉和关节的一系列特定运动，旨在增大关节的活动范围、增强肌肉的伸展能力以及促进血液循环，对于预防肩部受伤、减少疼痛以及改善日常生活中的功能性活动至关重要。训练方式包括主动或被动的压肩、肩部旋转、吊肩等。

2.肘关节

肘关节位于手臂的中部，连接着上臂和前臂，结构相对复杂，包括骨头、肌肉、韧带以及神经等多种组织，这些组织共同协作，使得肘关节能够弯曲和伸直，同时也能进行一定程度的旋转。肘关节的柔韧训练主要采用旋内、旋外手臂，绕环手臂及压肘等方式。

3.膝关节

膝关节位于大腿和小腿之间，起着连接和支持身体重量的重要作用。腿部的多方向运动，如弯曲、伸直、旋转等，都是膝关节作用的结果。膝关节的柔韧性训练主要发展腿部后面肌群的伸展性，通过一系列的拉伸和柔韧性训练，可以有效地提高这些肌群的伸展性。这不仅有助于降低运动中的受伤风险，还能提高运动效率，使行走、跑步、跳跃等动作更为流畅。

4.髋关节

髋关节位于骨盆与大腿骨之间，是一个球窝关节，由髋臼和股骨头组成。髋臼是骨盆的一部分，呈碗状，而股骨头则是大腿骨上端的一个球形结构，两者相互配合，形成了一个稳定且灵活的连接。髋关节的柔韧训练有踢腿、压腿、摆腿、劈腿等。

5.踝关节

踝关节位于小腿的末端，是一个复杂的结构，由胫骨、腓骨以及跗骨通过韧带和肌肉紧密相连组成。这个关节不仅支撑着身体的重量，还允许在行走、奔跑、跳跃等多种活动中进行必要的前后摆动和左右转动。可以通过踝关节环绕运动来增加该关节的灵活性，包括顺时针和逆时针方向的旋转。此外，还可以进行脚尖拉伸和脚跟拉伸，这些动作有助于拉伸小腿肌肉和跟腱，进而提高踝关节的柔韧性。

6.脊柱

人体的脊柱通常分为颈椎、胸椎、腰椎、骶椎和尾椎。颈椎位于颈部，共有7块椎骨，椎骨相对较小，但非常灵活，使头部能够进行多方向的转动。胸椎位于胸部，有12个椎骨，与肋骨相连，共同构成了胸腔的骨架结构，保护着心脏和肺部等重要器官。腰椎位于腰部，共有5个椎骨，是脊柱中最为坚固的部分，承担着大部分体重的负荷。骶椎和尾椎位于骨盆区域，分别是4个和3个较小的融合在一起的椎骨，为脊柱提供了稳定的基座。

在柔韧训练中，通过关注身体各关节的特定运动和拉伸，可以提高整体的灵活性，降低受伤风险，同时提升运动表现。这种训练需要正确的方法并持之以恒，确保每个关节都能得到适当的关注和锻炼。

二、柔韧训练注意事项

在进行柔韧训练时，为了确保安全并取得最佳效果，需要关注以下几个关键点。

1.温和开始，适当热身

每次进行柔韧训练时，都应该以温和的方式开始，避免突然、剧烈的拉伸，因为这样的动作可能导致肌肉拉伤或其他损伤。在开始柔韧性训练之前，应该先进行适当的热身活动，比如轻松跑步或快走几分钟，可以帮助提高肌肉温度和加快血液循环，使肌肉更容易伸展。

2.持续渐进，呼吸自然

柔韧性的提高是一个逐渐的过程，不能急于求成。每次训练时尽量增大一点儿拉伸的幅度，但是注意不要过度强迫自己。在训练过程中，要保持呼吸平稳和深长，屏住呼吸可能使肌肉紧张和血压升高。

3.保持正确姿势，持续进行

在进行每个动作训练时，都要确保姿势正确，错误的姿势可能导致不必要的压力或损伤。静态拉伸应保持至少15～30秒，重复2～4次。对于更紧张的肌肉群，可能需要更长的时间。进行静态拉伸时，要避免"弹跳"动作，因为这种弹性拉伸方式可能导致肌肉拉伤。要确保身体两侧的肌肉得到同等的训练，以防止不平衡或姿势不良。随着时间的推移，需要定期改变柔韧性训练的内容和强度，以继续强化肌肉，避免停滞不前。

4.专业指导，避免疼痛

专业教练的指导，特别是在开始新的柔韧训练计划时，可确保正在进行正确和有效的练习。专注于被拉伸的肌肉群，注意感受肌肉的紧张和松弛，有助于提高柔韧性训练的效果。柔韧训练不应引起疼痛，如果感到疼痛，请立即停止练习并咨询专业人士。

柔韧训练是一种重要的身体维护手段，但要注意正确的方法和安全措施，以避免受伤并最大化其益处。通过关注这些关键点，可以确保柔韧训练既安全又有效。

第三节　综合柔韧训练

一、整体柔韧训练

（一）上肢柔韧训练

1.金刚坐姿

双膝跪于垫子上，双手支撑，脚踝收向中线，臀部坐于脚跟上（图6-1）。

图6-1

2.坐姿手臂伸展

肩膀吸气时向上，呼气时下沉。展开双肩，随着吸气，手臂从体侧缓慢向前再向上伸展，双臂夹耳，双肩下沉，保持动作，向上提升（图6-2）。

图6-2

3.坐姿抱肘

弯曲右侧手肘，左手轻抚右手肘关节，吸气大臂向后推，手臂向后枕部的位置拉伸，形成手臂与后枕部的对抗，舒展右肩，稍作停留，吸气（图6-3）。

图6-3

伸展双臂向上，呼气时弯曲左侧手肘，右手轻抚左侧手肘关节，吸气时手肘向后拉动。呼气时手肘拉向后枕部位置，保持动作，舒展左肩，稍作停留。再次吸气，手臂向上延伸（图6-4）。

图6-4

4.坐姿手臂后伸展

呼气，双手从两侧打开，双手背后，十指交扣；吸气，展开锁骨和胸腔（图6-5）。

图6-5

缓慢抬头向上，保持腹部微微回收，肩部上提，呼气并肩部下沉，手臂尽量向后伸展，保持自然呼吸。缓慢抬头，稍作停留，呼气时打开双手（图6-6）。

图6-6

吸气时手臂向上伸展，呼气时手臂向前，落于身体前方（图6-7）。

图6-7

5.猫牛式

抬起臀部，离开脚跟，双脚依次做回勾动作（图6-8）。

图6-8

双膝分开，吸气时脊柱下沉，胸腔向前；呼气时收小腹，缓慢双手推地，弓背、低头、收下颏；再次吸气时脊柱下沉，胸腔向前，锁骨展开，头向上抬起（图6-9）。

图6-9

6.大猫伸展式

吸气时手臂向前延伸，呼气时缓慢将胸腔放低，额头贴到垫子上。打开胸腔，舒展身体前侧，肚脐内收，稍作停留，抬头，下颏落于垫子上，保持手臂和躯干的延伸。呼气时手肘推地，慢慢弓背向前移动身体（图6-10）。

图6-10

7.狮身人面式

缓慢降低髋部，落于地面，调整双手，手肘置于肩部下方，腹部弯曲，抬头挺胸，双脚依次抬起，脚背贴于地面。吸气时胸腔向上，抬头，小腹贴地；呼气时双肩下沉，舒展锁骨，保持呼吸（图6-11、图6-12）。

图6-11

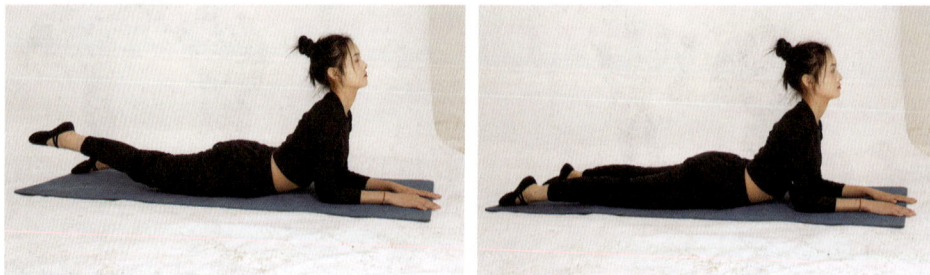

图6-12

缓慢放低身体，依次将双手放于身体两侧，旋转双肩向后（图6-13）。

图6-13

双脚依次抬起（图6-14）。

图6-14

8.下犬式

呼气时双手推地，臀部向后延伸；吸气时臀部向后上方提起（图6-15）。

图6-15

双脚依次向前迈小步，呼气时坐骨上推，左脚跟下落，保持手臂延伸，右脚跟向下沉，交替反复3~5组。呼气时双脚跟下落，保持腹部内收，坐骨上提，大腿前侧收紧，稍作停留（图6-16）。

图6-16

（二）下肢柔韧训练

1. 四角跪撑

呼气时抬起脚跟，膝盖落于垫子上，腰部放平（图 6-17）。

2. 新月式

右手辅助右脚向前，置于两手中间，双手握拳推地支撑（图 6-18）。

图 6-17

图 6-18

呼气时左髋缓慢下沉，右脚及膝盖压住垫子，双手抬起，经体侧打开、上举，手心相对。吸气时收腹，脊柱向上延伸，呼气时将左髋向前下推动，重心放于双脚之间，大腿前侧伸展（图 6-19）。

图 6-19

3. 半神猴式

呼气时手臂经体侧打开，落回右脚两侧（图 6-20）。

吸气时缓慢将髋部后移，伸直右膝，右脚回勾，右腿伸直，双手握拳推地，落于肩的正下方（图 6-21）。

呼气时胸口向前带着脊柱延伸，吸气时右侧坐骨向下，感受大腿后侧伸展，稍作停留。呼气时屈右膝还原向前，双手回到右脚两侧，之后反侧练习（图 6-22）。

图6-20

图6-21

图6-22

4.新月扭转式

右肩打开，右手臂向上，转头看向右手手指间，髋部下沉，感受下肢的柔韧提升，保持呼吸，右手落回到脚的外侧，之后反侧练习（图6-23）。

图6-23

5.大拜式

双手向下按垫，双脚分别向后，身体下压，臀部靠近脚跟，双臂前伸，平铺地面（图6-24）。

图6-24

6.抱肘前屈式

卷背起身，回到四角支撑；双脚推住地垫，臀部抬起，走到垫子中间位置；双脚平齐，双手扶住髋部（图6-25）。

图6-25

吸气时坐骨向后，胸腔向前，呼气时保持双腿微微弯曲，身体缓慢向前、向下，双手互抱手肘（图6-26）。

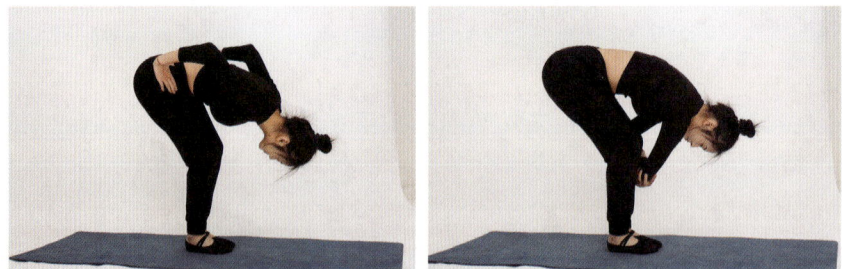

图6-26

身体向右摆动，再向左摆动，反复摆动练习，感受大腿后侧的伸展。身体回到中间位置，双手回到骨盆两侧（图6-27）。

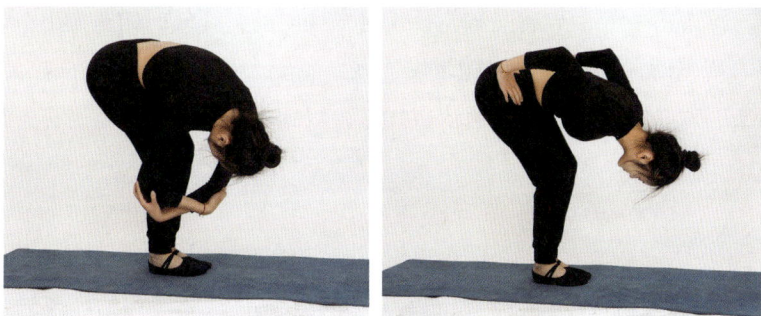

图6-27

7.双角式

吸气时头抬起，向前延伸，展开背部，身体直立，身体转向垫子长边，双脚分开至一定的宽度（图6-28）。

图6-28

吸气时脊柱向上延伸，呼气时从髋部折叠身体，慢慢地使身体向下延伸，双腿可稍微弯曲（图6-29）。

图6-29

双手落下支撑于垫子上，与肩同宽，吸气时脊柱向前，呼气时俯身向下，头顶向地面前伸，停留保持。吸气时向上抬高，双腿缓慢伸展，感受大腿内侧与后侧的拉伸，保持呼吸。吸气时缓慢抬头，双腿微微屈膝，双手依次扶髋，双腿发力，缓慢抬起身体，形成直立站姿（图6-30）。

图6-30

8.三角式

转动右脚向外展开，左脚稍内扣，呼气时伸展身体，打开双臂，向右倾斜（图6-31）。

右手握住右脚踝，身体向前，抬头看向左手手指方向，保持呼吸，以提升下肢的柔韧性，呼气时转头向下看（图6-32）。

图6-31　　　　　　　　　　　　图6-32

屈右膝，右脚推地，吸气时还原身体。反侧右脚向内，左脚转向外90度，呼气时伸展身体，打开双臂，向左倾斜，左手握住左脚踝，身体向前，抬头目视右手手指方向，保持呼吸（图6-33）。

呼气时转头向下，落双手于垫子上，屈膝缓慢坐于垫子中间（图6-34）。

图 6-33　　　　　　　　　　图 6-34

9.直角坐姿

双腿向前伸直，双脚并拢，双手放于膝盖上方，坐骨向下推地，脊柱向上延伸，双臂向上伸直（图6-35）。

图 6-35

10.双腿背部伸展

呼气时髋部折叠，缓慢地使身体向前，双手落于小腿上方，停留，吸气时胸腔带着脊柱向前、向上延伸（图6-36）。

呼气时让身体缓慢贴靠双腿，双腿伸直，不要弓背，保持腹部内收，感受大腿后侧的伸展，稍作停留。双脚回勾，脚跟向前延伸，肩部放松。吸气时背部伸展，手臂向前、向上，身体挺直（图6-37）。

图 6-36

图 6-37

11.广角坐侧拉伸

呼气时双手经体侧还原向下，微屈双膝（图6-38）。

双手扶住双腿，向两侧打开，达到90度，伸直双膝，双脚回勾（图6-39）。

图6-38　　　　　　　　　　　　　　图6-39

坐骨推地，吸气时打开双臂，向上伸展，保持后背的延伸。呼气时落左手到左脚踝的上方（图6-40）。

吸气时右侧身体拉长，右边坐骨向下，随着呼吸，身体缓慢侧弯，停留，感受右侧腰的拉伸。吸气时脊柱延伸，呼气时进一步向下侧弯，感受左侧大腿后侧的伸展，保持呼吸（图6-41）。

图6-40　　　　　　　　　　　　　　图6-41

吸气时还原身体，双臂向上伸展，呼气时进行反侧练习（图6-42）。

吸气时还原身体，双臂向上延伸，呼气时双臂放下，微屈双膝，双手扶住双腿，合拢双腿（图6-43）。

图6-42　　　　　　　　　　　　　　图6-43

12.仰卧直腿伸展

臀部坐于垫子中间，微微弓背，双手向前，让背部一节一节地落下，仰卧在垫子上

（图6-44）。

双腿屈膝，脚踩地，腰、背平贴垫子，依次向上抬起双腿（图6-45）。

呼气时双腿向上延伸，双手扶住脚踝或小腿两侧，双脚回勾，脚跟延伸，感受大腿后侧伸展。保持双肩放松，下颌内收，颈部后侧延长，保持呼吸（图6-46）。

图6-44

图6-45

图6-46

13.瑜伽休息

呼气时弯曲膝盖，双脚回落于垫子上，双腿伸直，自然打开，双手放于身体两侧。闭上眼睛，休息放松，放慢呼吸，感受整个身体由上而下地逐步变得松弛，享受身体的轻盈与舒适（图6-47）。

图6-47

二、柔韧拉伸训练

（一）站姿训练

1.风吹树式

站立在垫子上，双脚打开，深吸气，一侧手臂向上，抓住另一侧手腕。呼气，身体向对侧弯，伸展前侧身体，腹部微收，吸气，手指带动手臂，静态保持20秒。反侧练习（图6-48）。

图6-48

2.反三角式

站立在垫子上，一腿在前，一腿在后，双脚前后叉开。前腿侧手臂上扬，后腿侧手臂向后，放于臀部后侧。呼气收腹，手臂带动胸腔打开，身体向上、向后，感受腋下和腹部前侧的拉伸，保持自然呼吸，静态练习20秒。反侧练习（图6-49）。

图6-49

3.三角扭转

站立在垫子上，一腿在前，一腿在后，双脚前后叉开，双手放于髋部。呼气，俯身，后侧腿手臂向前，指尖向下触及地面，头部和胸部扭转到前腿侧进行扭转拉伸，充分拉伸臀腿，消除腰背部的紧张感。也可以把放于髋部的手臂向上伸展，静态练习30秒；反侧练习（图6-50）。

图 6-50

4.加强背部伸展

站立在垫子上，一腿在前，一腿在后，双脚前后叉开，双手呈握杯状支撑于地面，延展胸腔。呼气时回勾前方脚掌，感受小腿后侧的充分伸展，静态练习30秒。反侧练习（图6-51）。

图 6-51

5.站立侧弯

站立于垫子上，双手上举，也可以手持长棍，身体向一侧弯曲，坚持30秒，感受腹外斜肌和背部最宽的肌肉的拉伸。反侧练习（图6-52）。

图 6-52

6.单腿前屈式

站立于垫子上，一脚在前，背部挺直，双手放于髋部，从髋部开始向前折叠；另一侧腿膝盖弯曲，感受腘绳肌的拉伸，坚持30秒；反侧练习（图6-53）。

7.侧角拉伸

双脚横向跨步分开，身体向左侧倾斜，弯曲左膝，将左手放在膝盖上。将右臂伸向天花板方向，右脚到右手呈一条直线。也可以将左手放在左脚后面的垫子上，保持30秒，另一侧重复练习（图6-54）。

图6-53

8.侧弓箭步伸展

站立，双脚分开与肩同宽，慢慢地将体重转移到右侧，右腿弓步，左腿侧方伸直，双手合掌，指尖向上，头侧向左侧，保持30秒。每侧重复3次，注意要避免前倾或弯曲膝盖超过脚趾（图6-55）。

图6-54   图6-55

（二）俯卧姿训练

1.眼镜蛇式

俯卧在垫子上，手掌支撑地面，用力将身体推高，收腹以拉伸身体前侧。头转向外侧，拉伸颈部、胸腔、腰腹，头回正并转向里侧，保持收腹，头再次回正。沉肩，头向上扬起，感受身体前侧的拉伸（图6-56、图6-57）。

图6-56

图6-57

2.仰卧穿针式

仰卧于垫子上，弯曲双膝，将一侧腿放于另一侧大腿上方，双手抱住大腿内侧。双脚回勾，膝盖压向胸口，深度伸展臀腿外侧，练习30秒。反侧练习（图6-58）。

图6-58

3.仰卧脊柱扭转

仰卧在垫子，身体向一侧扭转，侧身屈上侧膝盖，对侧手扶膝盖，身体放松，坚持30秒，感受臀部和腹外斜肌的拉伸，更好地释放臀、腿、腰、背的压力。反侧练习（图6-59）。

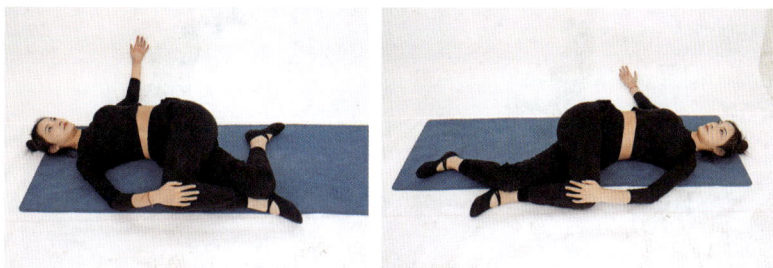

图6-59

（三）跪姿训练

1.龙式腿部伸展

双手支撑于地面，左腿向前跨出，放置于手臂外侧，脚尖朝外，膝盖朝向脚尖方向。吸气时胸口向前延展，呼气时手肘慢慢下落，支撑于地面，感受髋部与大腿前侧的拉伸，骨盆柔韧下沉，静态练习20秒。反侧练习（图6-60）。

图6-60

2.新月式

一侧腿后伸，小腿及脚背贴地，另一侧腿向前弓步，脚尖向前，手推前侧膝盖，身体挺拔。收腹前拉伸大腿前侧，缓解大腿肌肉的紧张感，身体后仰，头部向上，加强伸展，静态练习20秒。反侧练习（图6-61、图6-62）。

图6-61

图6-62

3.半神猴式

双手推地，身体向后，外侧腿伸直，脚尖回勾，里侧腿跪于垫子上，延展外侧膝窝，感受小腿、膝窝、大腿后侧的拉伸。吸气时胸口向前，呼气时身体下压，加强腿部拉伸，练习20秒。反侧练习（图6-63、图6-64）。

图 6-63

图 6-64

4.冲刺式

一侧腿在前，屈膝90度，此侧手扶于膝盖之上，另一侧手向后抓住后方脚踝，向腰部提起，保持30秒。反侧练习（图6-65）。

图 6-65

（四）蹲坐姿训练

1.广角坐侧腰拉伸

双腿分开，坐于垫子上，双脚回勾，大腿内侧及侧腰伸展，双臂向外打开。呼气时身体向一侧弯，随着呼吸，上方手臂去抓对侧脚掌，下侧肩部向前送，加强侧腰侧腹的拉伸，保持20秒。反侧练习（图6-66、图6-67）。

图6-66

图6-67

2.蝴蝶式

脚底相对，背部平直，屈膝坐在垫子上。双手放在膝盖上，将臀部和膝盖向下按压靠近地面，坚持30秒，感受内收肌的拉伸（图6-68）。

3.怀抱婴儿式

坐在垫子上，挺直背部，双手慢慢地将一条腿拉到胸前，大腿转向外，小腿靠胸。坚持30秒后，对侧练习，感受髋屈肌的拉伸（图6-69）。

图6-68

图6-69

4.坐立鸽子式

身体坐在垫子上，一侧手去握住另一侧的脚掌，单腿盘在与手同侧大腿上，另一侧手臂撑地。坚持30秒后，对侧练习（图6-70）。

图6-70

5.前屈折叠式

坐在垫子上，双腿并拢伸直，身体向前折叠，双手去触碰双脚，感受腘绳肌和小腿肌肉的拉伸（图6-71）。

6.坐姿腿筋拉伸

坐在垫子上，双腿向前伸直。伸展手臂并向前倾斜，尽量保持双腿伸直，坚持30秒。重复3次。注意，如果训练者有腰部不适，做这个动作时要更加注意，避免下背部产生不适（图6-72）。

图6-71   图6-72

7.腿筋伸展

将一条腿伸直坐在垫子上，另一条腿在膝盖处弯曲，将脚放在对侧大腿内侧，双手握住脚尖，保持30秒。在另一条腿上重复以上动作（图6-73）。

图6-73

三、运动后拉伸训练

（一）颈肩拉伸

1.后仰拉伸

自然站立，双手放于髋部，背部挺直，轻轻向上抬头伸展，保持片刻后头部回正，反复拉伸。此动作可拉伸胸锁乳突肌（图6-74）。

2.左右侧拉伸

身体自然站立，抬起右侧手臂，用手掌将头摆到右侧，一侧练习后换另一侧，保持片刻后头部回正。此动作可拉伸胸锁乳突肌和斜方肌上部（图6-75）。

3.站立颈部伸展

双腿并拢，自然站立，双膝微微弯曲，头部和身体向前倾斜下压，双手轻抱头部，下颏往胸部贴近。此动作可拉伸斜方肌（图6-76）。

4.肩部拉伸

自然站立，右手臂伸直，左手轻轻按压右臂以增加肌肉的伸展。此动作可拉伸外侧三角肌，一侧练习后换另一侧练习（图6-77）。

图6-74　　　　　　　　　图6-75

图6-76　　　　　　　　　图6-77

（二）胸背部拉伸

1.婴儿式

跪于垫子上，双腿微微分开，身体向前，双手举过头顶前伸，手心朝下，臀部坐在脚后跟上，额头接触地面，拉伸背部肌肉（图6-78）。

2.骆驼式

跪于垫子上，髋部缓慢向前推，胸部向上，后弯，双手握住双脚。注意，不要过度挤压腰部，此动作可拉伸腹直肌和腹外斜肌（图6-79）。

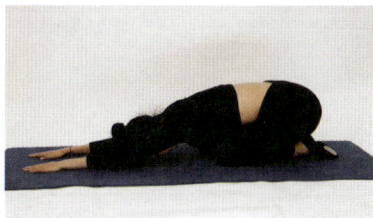

图6-78

图6-79

3.推墙拉伸

靠近墙站立，右手手掌推墙，身体慢慢地转向外侧，使身体背对墙面，静态坚持；另一侧重复练习，拉伸背部和胸部最宽的肌肉（图6-80）。

4.三角式

双腿横向岔开站立，身体从腰部向右侧弯曲，头部和上身平行于地面，右手握住右脚踝，腰背部挺直，左手向上抬起，目视左手指尖，让髋部从前向后打开；静态保持后，换对侧重复练习，此动作可拉伸腹外斜肌（图6-81）。

5.上背拉伸

面对墙面站立，伸展双臂，身体向前、向下，双手手掌扶住墙面，身体与地面平行，背部保持平坦，胸部慢慢向下弯曲。此动作可拉伸背部、胸部最宽处的肌肉（图6-82）。

图6-80

图6-81

图6-82

（三）臀腿拉伸

1.广角式

坐在垫子上，双手置于身体后侧，形成支撑，腰背挺直，目视前方。双腿伸直，缓慢打开，膝盖不要弯曲，确定大腿紧贴在地面上，膝盖及脚趾向上（图6-83）。

图6-83

2.坐姿勾脚

腰背挺直，坐在垫子上，双手放于身体两侧，双腿并拢贴在垫子上，双脚做勾脚、放平的动作，两端形成拉力（图6-84、图6-85）。

图6-84

图6-85

3.仰卧抱膝

仰卧在垫子上，双手抱住右膝压向胸口，呼气时松开，吸气时抱住左膝再次压向胸口，再次吸气时抱住双膝向胸口的方向压去。将右脚搭在左脚上环抱左膝压上胸口，感受右侧臀部的拉伸，再换到左脚搭在右脚上环抱右膝压上胸口，感受左侧臀部的拉伸（图6-86、图6-87）。

图6-86

图6-87

4.仰卧勾脚

抬起双腿与地面垂直，吸气、勾脚，呼气、绷脚背，重复20组，一吸一呼为1组（图6-88）。

图6-88

5.仰卧倒蹬车

以右腿为参照，吸气时勾脚画圆回来，呼气时向下绷着脚背踩出去。这和蹬自行车一样，不过训练者调整了方向，配合了呼吸，更好地拉伸到腿部的肌肉。如果有静脉曲张的问题，练习这个动作非常好，能够帮助腿部的血液回流，减轻压迫感（图6-89）。

图6-89

6.青蛙趴抬腿

双膝分开，小腿、大腿贴地，小腿略微向内弯曲。双手张开，支撑于身体前侧，模拟一下青蛙趴着的姿势，交替抬起两侧的小腿（图6-90）。

均匀呼吸，此动作有利于放松髋关节。

图6-90

第七章
异常形体姿态矫正

第一节　头颈部姿态矫正

一、头颈异常姿态

（一）颈部前倾

颈部前倾就是当挺直了身体以后，颈部还是明显前倾，颈椎明显弯曲过度，整个人显得不够挺拔。而且两肩之间的肌肉僵硬，往前弯曲，这是颈部前倾的另外一个原因。颈部前倾导致头前伸，颈椎压力增加，为了缓解颈椎压力，肩膀会不由自主地上抬。而斜方肌是身体唯一一块可以上抬肩部的肌肉。因此，如果长期维持头前伸的姿态，斜方肌上束会缩短，变得紧张、僵硬。从外观上看就会呈溜肩状，显得虎背熊腰。

（二）斜颈

斜颈可能是肌肉问题引起的，如先天性的肌肉斜颈，也可能是颈椎骨骼发育异常引起的，又或是由于习惯不当引起的。比较典型的症状是颈部歪斜，头偏向一侧，是肌张力障碍的一种，局限于颈部肌肉。由于颈部肌肉间断或持续地不自主地收缩，导致头颈部扭曲、歪斜、姿势异常。轻度斜颈可以通过适合的形态训练矫正，重度则需要及时就医。

二、头颈部矫正训练

（一）颈部旋转

双脚与肩同宽站立，上身保持正直，两肩后张，不要含胸驼背，双手叉腰，头部向左、右两个方向旋转，连续练习10组（图7-1）。

（二）颈部伸展

双脚与肩同宽，上身保持直立，不要耸肩，单手抱头一侧向下按；左、右两个方向，分别连续练习30秒，可重复练习3次（图7-2）。

（三）侧颈部对抗

一侧手抵住头另一侧，头侧弯向同侧，手臂与颈部肌肉群用力较劲。静态坚持30秒，换侧练习（图7-3）。

图7-1   图7-2

（四）颈部向后对抗

双手交叉于头后，头弯向后侧，手臂向前发力，颈部肌肉群向后用力，双方较劲对抗（图7-4）。

图7-3   图7-4

第二节　肩部姿态矫正

一、肩部异常姿态

（一）高低肩

高低肩的实质是脊柱弯曲变形。脊柱变形是由于肌肉肌力不平衡，特别是脊柱旁肌左右不对称所造成的侧凸。脊柱变形不仅会形成高低肩，还会出现骨盆侧倾、长短腿、足部过度内翻或外翻脊。脊柱侧凸早期表现包括双肩高低不平，脊柱偏离中线，肩胛骨一高一低，一侧胸部出现皱褶皮纹，前弯时双侧背部不对称等。

高低肩是一种不良体态，通常是由不正确的姿势、肌肉不平衡或骨骼结构问题所引起的。

1.长期单肩背包

经常背单肩包，可能会导致一侧肩膀高于另一侧，从而形成高低肩。建议使用双肩包或交替使用双肩背包来减轻肩膀的压力。

2.坐姿不正确

长时间保持不正确的坐姿，如驼背或歪斜的肩膀，也有可能导致高低肩。建议保持正确的坐姿，挺胸抬头，双肩放松。

3.肌肉不平衡

如果某些肌肉比其他肌肉更强壮或更紧张，可能会导致肩膀高低不平。建议进行全身性的锻炼，包括拉伸和加强肌肉的运动，以平衡肌肉力量。

4.骨骼结构问题

天生就有骨骼结构问题，如脊柱侧弯或颈椎问题，这也可能导致高低肩。建议咨询医生或物理治疗师，以确定最合适的治疗方法。

总之，如果存在高低肩的问题，最好听取医生或物理治疗师的建议，以确定最适合的训练方法。同时，保持正确的姿势和进行全身性的锻炼也是预防高低肩的重要措施。

（二）圆肩

圆肩也被称为含胸，出现圆肩问题的时候，随之而来的驼背、探颈等问题也会出现，这一系列的不良姿势也被称为上交叉综合征，即圆肩、驼背、头前伸。按照平常的站姿自然站立，双手放松放在身体两侧，从镜子里看训练者的手指，如果能看到中指以后的手指，那很可能就是圆肩的不良姿态。导致圆肩的原因就是前后肌肉不平衡，但这个原因并不是唯一。这种姿势通常是长期保持不正确的坐姿或站姿、缺乏运动、肌肉紧张等原因引起的。圆肩不仅会影响美观，还可能导致颈部和肩部疼痛、头痛、手臂麻木等不适症状。因此，保持正确的姿势和进行适当的锻炼对于预防和改善圆肩非常重要。

二、肩部姿态矫正训练

（一）双肩上提

自然站立，两手轻握拳，下垂于身体两侧，身体正直，两手用力均匀，双肩端起同时吸气，使双肩保持在一个水平面上，停留10～30秒，然后双肩下沉，重复练习10次为1组，练习3组（图7-5）。

（二）单肩上提

自然站立，上身正直，双手握空拳，低肩的一侧手臂倾斜下摆，做提肩练习，另一只手自然下垂。上提下沉反复练习，20次为1组，练习3组（图7-6）。

（三）肩部旋转活动

自然站立，上身正直，手臂弯曲，将双手手指放于肩上方，肘部发力，带动手臂向上、后、下方画大圆圈，用力挤压肩胛之间的肌肉（图7-7）。

图7-5   图7-6   图7-7

（四）肩部挤压

自然站立，上身正直，手臂弯曲，将双手放于头的两侧，双肘朝向身体前方，再将双肘向后收回，尽可能用力挤压肩胛骨之间的肌肉，重复练习30秒（图7-8）。

（五）拉伸斜方肌上束

自然站立，上身正直，将头向一侧倾斜，感觉颈部一侧和肩部上方有强烈的拉伸感，将头拉向肩部以增强拉伸感，保持30秒（图7-9）。

图7-8   图7-9

第三节　脊柱姿态矫正

一、脊柱异常姿态

（一）驼背

驼背也叫圆肩驼背，是一种常见的姿态问题，通常是由于长期保持不正确的坐姿或站姿、缺乏运动、肌肉紧张等引起的。现代生活方式的紧张感，使越来越多的人出现了驼背现象，不仅影响形象，还会引起各种身体问题。

1. 驼背程度

（1）轻度驼背：指背部轻微弯曲，通常还伴有头部前倾的状态。

（2）中度驼背：指背部弯曲更显著，且出现圆肩的状态。

（3）重度驼背：指背部的弯曲尤为强烈，常常伴有颈部和胸部的前倾。

2. 产生驼背的原因

（1）坐姿不正确：长期保持不正常的坐姿会导致背部肌肉损失，从而造成驼背。

（2）运动不足：缺乏运动会导致背部肌肉和韧带的弱化，也可能导致驼背。

（3）向前弯曲：长期向前弯曲可能导致身体的扭曲，最终引起驼背。

（4）青少年生长时期：由于生长期过早结束，青少年的姿势可能会变得不正常，从而导致驼背。

（二）塌腰

塌腰说明腰部的后侧有了塌陷症状，凹陷线明显，因为骨盆前倾，引起臀部肌肉或者是腰背部肌肉在紧张的状态，使整个腰椎受到牵拉之后出现塌陷。这与脊柱侧弯有很大关系，腰部的两侧会出现不对称，而且两侧有一侧的凹陷程度会更加明显，出现腰部凹陷。塌腰与长时间不正确的站姿和坐姿也有很大关系，会导致腰部凹陷异常明显，严重的时候可能会出现腰痛或者是腰酸的症状，不过在休息之后能够逐渐改善。

（三）脊柱侧弯

脊柱侧弯也被称为脊柱侧凸，是一种常见的脊柱疾病，表现为脊柱在侧面的弯曲。这种状况可能是由多种因素引起的，包括先天性原因、神经肌肉疾病、遗传因素或者不明原因。脊柱侧弯可能导致患者的脊柱呈现"S"型或"C"型的弯曲，这种异常的脊柱曲度可能会随着时间逐渐加重，尤其是在儿童和青少年生长发育期间。其影响因人而异，轻微的脊柱侧弯可能不会引起任何症状或仅有轻微不适，而严重的脊柱侧弯则可能导致背痛、肌肉疲劳、呼吸困难及心脏和肺部功能受限。脊柱侧弯可能影响外观，导致身体不对称和姿态异常。

二、驼背矫正训练

（一）手扶墙压胸腰

距墙一步距离站立，两臂上举扶墙，上身尽量向前伸，挺胸、凹腰，脚不能前移，胸贴住墙，保持30秒后还原。经常练习可以改善不良体态，逐渐恢复挺胸直背的体态（图7-10）。

（二）两臂翻握挺胸腰

腰背挺直，双腿并拢，臀部坐在椅子前端，两臂内旋后翻支撑于身体后侧，抬头挺胸至最高，面部朝向上方，两臂内收夹拢，保持30秒后还原。反复练习6~8次，注意呼吸自然（图7-11）。

图7-10

图7-11

（三）背手挺胸练习

两腿分开站立，两手体后十指交叉握紧，掌心朝下，两肩胛骨后锁，两臂后上举至最高，抬头、挺胸、立腰，面部朝向上方，保持30秒后还原。反复练习16次（图7-12）。

（四）坐位挺腰背

正坐于椅子上，臀部尽量靠里，背部后倾顶住椅背，两手扶住椅子两侧。内夹两臂，身体直立，抬头挺胸，坚持20秒（图7-13）。

（五）扩胸运动

两腿分开比肩稍宽站立，肘部弯曲，两手握拳，置于双肩前侧，两臂前

图7-12

平举，向侧打开扩胸，手掌打开，再还原回正。反复练习16～20次（图7-14）。

动作过程中要有一定力度，向后扩胸速度要快，扩胸时抬头、挺胸、收腹。

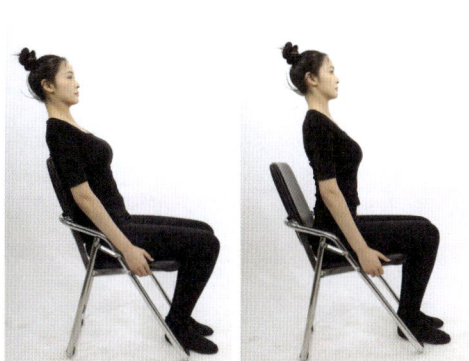

图7-13　　　　　　　　　　　　　图7-14

三、塌腰矫正训练

（一）仰卧屈体

仰卧于垫子上，收腹举腿至屈体，使髋部和躯干呈10～20度的夹角，颈部与头部要贴近地面，保持5～10秒。反复5～10次（图7-15）。

（二）猎猫

跪撑于垫子上，含胸低头，使脊柱向上拱起并保持5秒，之后还原。重复练习5～10次（图7-16）。

（三）屈腿仰外起

仰卧于垫子上，双脚踩地。屈髋和膝，颈部开始向前慢屈，使背部抬离地面45度。重复练习5～20次（图7-17）。

图7-15

图7-16　　　　　　　　　　　　　图7-17

四、脊柱侧弯矫正

（一）体侧屈

双脚开立比肩稍宽，身体向脊柱侧凸另一方倾斜，手臂向另一侧下腰运动，指尖可碰触膝盖，同时另一手臂放在腰后侧。脊柱向相反方向最大限度下侧腰，保持5～8秒，还原。重复练习15次为1组，共练习3组（图7-18）。

（二）转体

双脚开立，膝盖弯曲，身体稍稍下蹲，双臂弯曲，双手握拳，胸前平举；向一侧扭转躯干，向脊柱凸出的方向做转体运动。动作过程中要注意双腿弯曲呈马步，双脚始终踩地。反复练习20次为1组，共练习3组（图7-19）。

图7-18　　　　　　　　　　　　　　图7-19

（三）跪立后举腿

跪撑于垫子上，两手掌撑地，脊柱侧凸一方的腿用力向后上方抬起；抬腿时，挺胸抬头，动作要快。后腰肌用力夹紧，停留8～10秒，还原。重复练习20次为1组，共练习3组（图7-20）。

五、肩、颈、背体态改善训练

（一）准备动作

1.斜方肌按摩

手叉腰，头倒向一侧，右手手指上下轻轻按压另一侧斜方肌，有酸胀的感觉，充分放松斜方肌，缓解斜方肌的紧张，15～30秒后还原，进行反侧练习（图7-21）。

图7-20

图 7-21

2.胸肌按摩

手握拳，将手指关节放于胸部斜上方，按摩胸前肌肉；10秒后换另一侧按摩，注意按摩的力度，如感到酸痛可适当减轻力度（图7-22）。

图 7-22

3.肩部上提

吸气时提肩，呼气时还原，练习30秒，放松斜方肌（图7-23）。

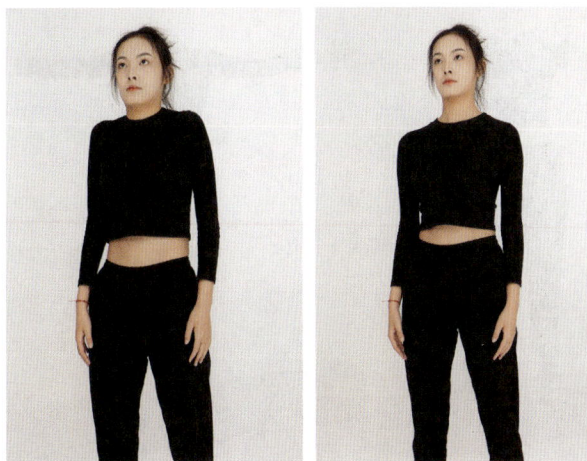

图 7-23

（二）手臂伸展

1.举臂交替画圆

双臂举过头顶，双臂依次向后画圆，练习30秒（图7-24）。

图7-24

2.平举开合

手臂向前平举，掌心相对，向两侧打开，动态开合练习30秒，保持腹部内收、颈部向上，充分伸展双臂，后背持续收紧发力（图7-25）。

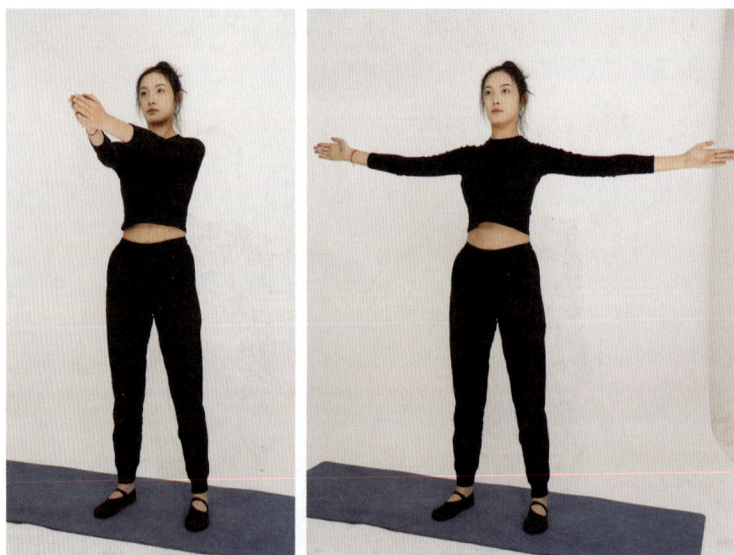

图7-25

3.面前屈肘开合

弯曲手肘，手肘掌心相对，向身体两侧打开，打开时微微仰头，动态开合练习30秒。保持腹部内收、颈部向上、后背挺拔，充分伸展双臂，后背持续收紧发力（图7-26）。

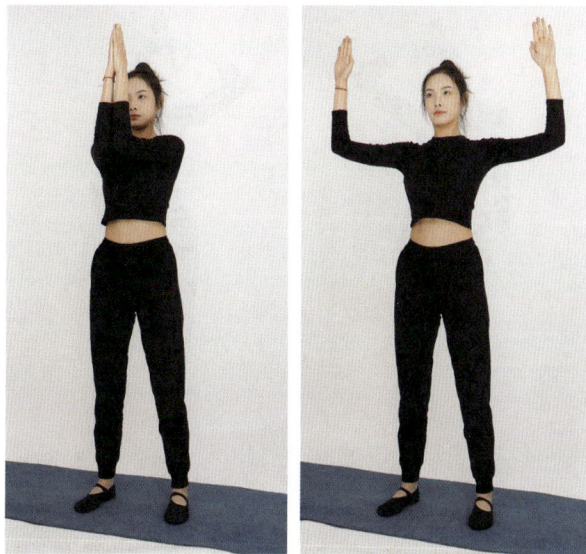

图7-26

（三）颈部拉伸

1.侧颈拉伸

手扶住头上方，使头向手臂方向倾斜，静态拉伸30秒后，换另一侧拉伸，充分感受颈部伸展，感受斜方肌的舒缓（图7-27）。

图7-27

2.斜下颈部拉伸

手扶住头上方，使头向斜下方扭转，拉伸颈后方肌肉，静态拉伸30秒后，换另一侧拉伸。均匀呼吸，保持沉肩，充分感受颈部斜后方伸展，感受斜方肌的舒缓（图7-28）。

图7-28

3.斜侧颈部拉伸

双手放在胸部一侧上方，头向上斜并向另一侧扭转，看向斜上方45度方位，静态拉伸30秒后，换另一侧拉伸。均匀呼吸，不要憋气，舒缓肌肉的紧张感，保持上身的稳定性（图7-29）。

图7-29

第四节 骨盆姿态矫正

一、骨盆异常姿态

（一）骨盆倾斜

骨盆倾斜是指骨盆不在正常的水平位置，骨盆向前或向后移动，这种移动会改变脊柱的曲度，进而影响整个身体的对称性和平衡。其中，骨盆前倾是骨盆位置偏移的病态现象，较正常的骨盆位置是向前倾斜一定的角度。骨盆前倾最明显的症状是臀部后凸，腰臀比、BMI值和体重都在正常范围，小腹仍旧前凸。骨盆可能歪斜到影响自律神经的程度。当骨盆向前倾斜时，通常伴随着腰椎的前弯增加，这可能导致腰椎的负担增大，长期下来可能引发腰痛。这种情况常见于长时间站立、久坐不动、习惯性地将臀部推前等。骨盆后倾则通常是骨盆向后移动，导致腰曲减小或变平。这种姿势如果过度，也可能对脊柱造成压力，引起腰部不适。后倾可能由于肌肉紧张、外伤、不良习惯或身体结构问题引起。

（二）膝超伸

人体在站立时，骨盆、膝盖及脚踝从侧面看基本是在一条直线上的，或者近似于一条直线。如果膝盖往前突出，或膝盖再进一步向后伸直超过5度，大腿和小腿形成一个类似C型的弧形，这就是膝超伸，又叫膝反弓。正常人膝关节有3~5度的超伸角度，也叫过伸3~5度，这是正常的生理状况。如果膝关节伸展幅度过大，超伸角度大于5度，是胫骨的顶端相对于股骨向后滑动使膝关节向后过度打开，侧面看呈后凸的弧形，就是关节的伸展超过了正常的幅度。

（三）假胯宽

假胯宽，也称为假性髋关节宽，是指由于骨盆两侧的宽度不一致，导致从外观上看臀部显得宽大的一种现象。假胯宽的原因可能包括先天性发育不良、长期坐姿不正、髋关节疾病等。这些因素都可能导致骨盆两侧的宽度不一致，从而引发假胯宽的现象。假胯宽的主要症状是臀部看起来宽大，但实际骨骼结构并没有改变。会影响个人的外观形象，甚至导致自信心下降。对于轻度的假胯宽，可以通过改善姿势、加强肌肉锻炼和物理治疗来改善骨盆的稳定性和平衡性。

二、骨盆前倾矫正

（一）泡沫轴放松

1.背部放松

将泡沫轴置于垫子上，双脚踩地，背中部下方躺靠在泡沫轴上。双脚推地，身体在泡沫轴上进行滚动（图7-30）。

图7-30

2.臀部放松

将泡沫轴置于垫子上，双脚踩地，收左腿，右手支撑地面，臀部向右倾斜坐在泡沫轴上。手脚推地，左腿发力，保持右侧臀部在泡沫轴上进行滚动（图7-31）。换侧进行（图7-32）。

图7-31

图7-32

3.大腿放松

俯身于垫子上，将泡沫轴放于大腿下方，靠上身肘部力量推地，使泡沫轴在大腿位置来回滚动，放松大腿前侧（图7-33）。

4.小腿放松

双手撑地，跪于垫子上，再俯身

图7-33

向前单膝跪于泡沫轴上，靠手脚力量推地，使泡沫轴在小腿位置来回滚动，放松小腿前侧（图7-34）。

图7-34

坐于垫子上，双手向后支撑身体，小腿放于泡沫轴上，靠双手力量推地，使泡沫轴在小腿位置来回滚动，放松小腿后侧（图7-35）。

图7-35

（二）垫上矫正训练

1.横向呼吸

平躺于地面，双腿弯曲，双脚支撑地面，腰部贴合地面，骨盆后倾，双手轻抚腹部，呼吸放松（图7-36）。

抬起双腿，双手轻抚腹部（图7-37）。

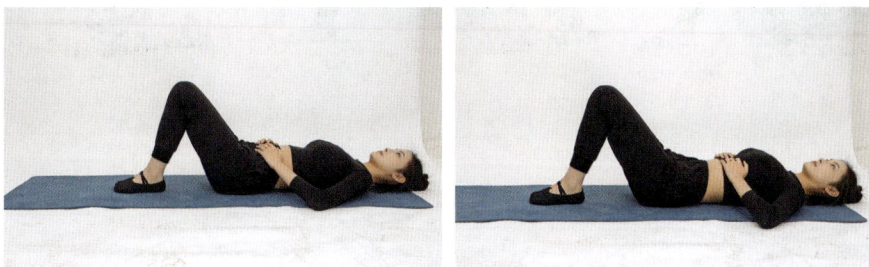

图7-36

图 7-37

2.骨盆时钟

平躺在垫子上，腿部弯曲，双手扶住骨盆位置，臀部稍稍翘起，分别做骨盆前倾、后倾、左倾、右倾的动作（图 7-38）。

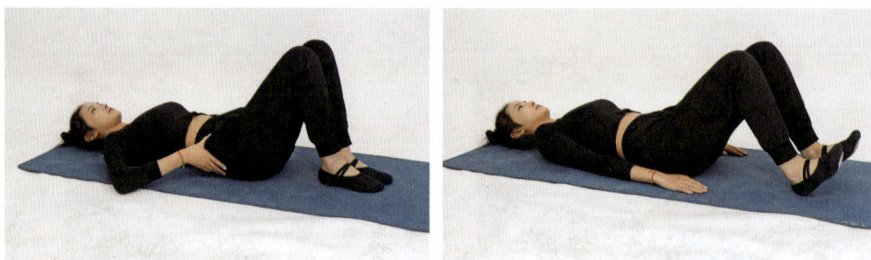

图 7-38

3.臀桥动态反复

手臂放于身体两侧，双脚蹬地，臀部挺起，可以保持静止，也可以做反复挺起练习（图 7-39）。

图 7-39

4.脚踏车

双腿抬起，双手放于身体两侧，双腿依次蹬出，蹬得越远难度越大，腰椎不可离地（图 7-40）。

图7-40

5.跪姿平板支撑

跪于垫子上，身体向前倾斜，肘部支撑，背部尽量挺直，保持背部和臀部处于一条直线，身体尽量向上延伸（图7-41）。

6.侧平板支撑

一侧大臂垂直地面，手肘支撑，同侧腿部弯曲，膝盖与小腿贴于地面，另一侧手臂上举，腿伸直。换侧练习（图7-42）。

图7-41

图7-42

7.宽版臀桥

平躺屈膝，双腿分开，双膝打开，做动态臀桥（图7-43、图7-44）。

图7-43

图7-44

8.动态蚌式

动态蚌式，每侧做30秒，控制骨盆位置的稳定（图7-45）。

图7-45

9.侧踢腿

上方腿伸直，下方腿微弯曲，腿可以往后，但不可以向前，每侧做30秒（图7-46）。

图7-46

（三）站立矫正训练

1.弹力带侧向行走

将弹力带捆绑于膝盖上方位置，双手合掌或自然摆动，身体呈半蹲状态，最大力拉开弹力带，进行侧向行走练习（图7-47、图7-48）。

图7-47

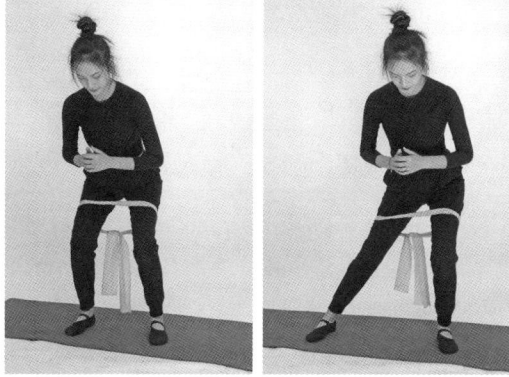

图 7-48

2.弹力带"怪兽"行走

将弹力带捆绑于膝盖上方位置，双手合掌或自然摆动，身体呈半蹲状态，最大力拉开弹力带，进行向前、向后行走练习，逐渐加速（图7-49、图7-50）。

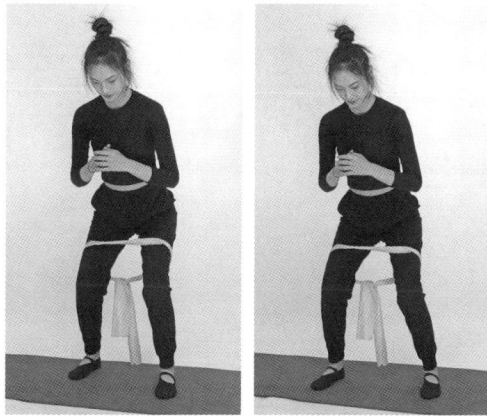

图 7-49

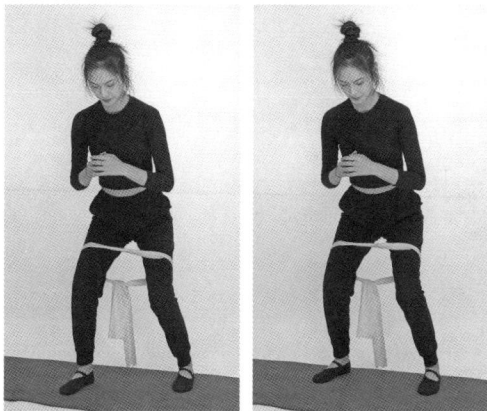

图 7-50

3.腰肌拉伸

侧身呈弓箭步，左腿先前顶，手扶膝盖上方，保持20秒，如果感觉下肢不够稳定，可以将右手触地，形成支撑，身体挺直；之后换另一侧练习，感受腰肌拉伸（图7-51）。

图7-51

4.股四头肌拉伸

单腿屈膝，同侧手去抓同侧脚踝，如果感觉身体不够稳定，可以借助一些支撑物，加强稳定性，保持20秒，换另一侧练习（图7-52）。

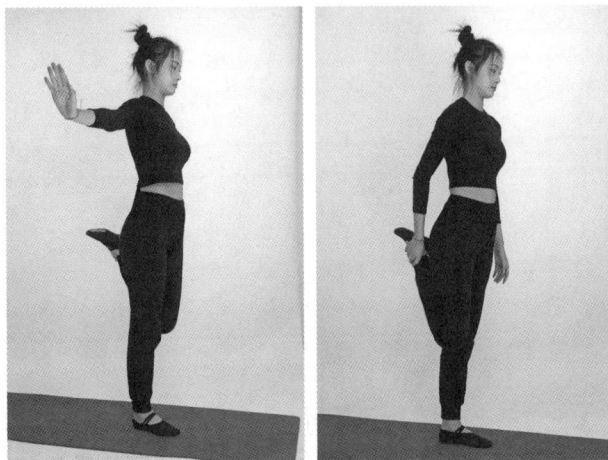

图7-52

5.大腿内侧肌群拉伸

双腿尽量打开，身体重心向一侧偏移，双手扶地，侧腿伸直，脚尖勾起，身体放松，背部挺直。20秒后换另一侧练习，减少肌肉的紧张感（图7-53）。

图7-53

6.臀部拉伸

准备一把带靠背的椅子，站立于椅子后方，一侧腿放于另一侧腿之上，保持大腿与小腿呈90度。双手扶椅背，身体下压，感受大腿外侧和臀部的拉伸。静态保持20秒，换另一侧练习（图7-54）。

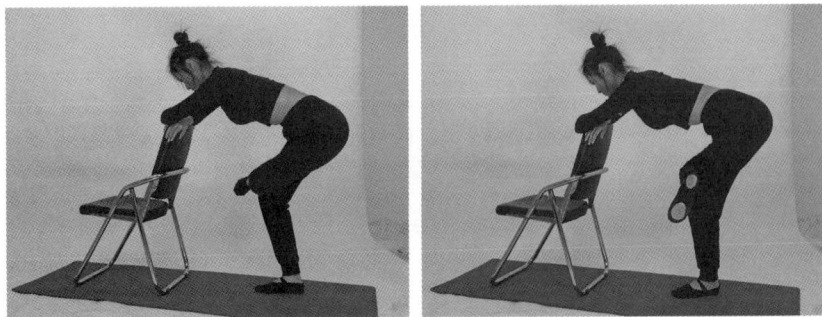

图7-54

坐在椅子上，一侧腿放于另一侧腿之上，双手扶上侧小腿，身体向前下压，静态保持20秒，换侧练习（图7-55、图7-56）。

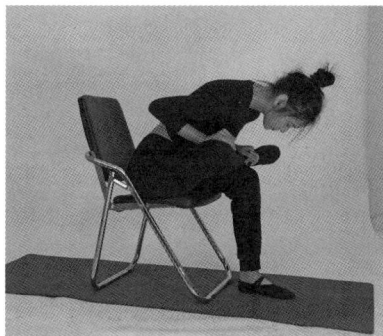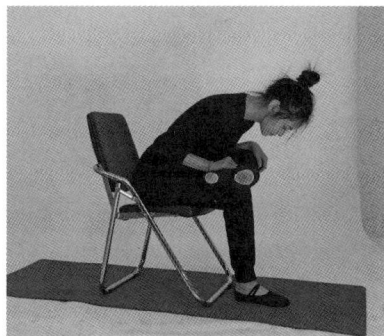

图7-55　　　　　　　　　　　　　　　　　图7-56

三、骨盆后倾矫正

（一）站姿训练

1.交替抬腿屈髋

身体站立在垫子上，两手自然下垂，交替提膝，同时双手扶住提起的膝盖。动态练习30秒，活动髋关节，尽量把腿抬高（图7-57）。

图7-57

2.交替弓箭步

双脚前后分开约两倍肩宽，脚尖朝向斜前方，重心放在一侧腿上，双手叉腰下蹲，腰背挺直，膝盖与脚尖方向一致。臀部发力蹲起，转移重心做另一侧练习。臀肌发力，交替弓箭步动态练习30秒，下蹲时吸气，蹲起时呼气。下蹲时，大腿内侧有轻微牵拉感；蹲起时，大腿内侧有明显收缩感（图7-58、图7-59）。

图7-58   图7-59

（二）卧姿训练

1.仰卧屈腿

仰卧于垫子上，双腿伸直并拢，两脚回勾，双手放在身体外侧，手心向下。吸气时，单腿抬高，膝盖弯曲，双手扶住膝盖，前后晃动腿部，加强屈髋能力，动态活动30秒。之后，小腿向上伸直，进行大腿后侧拉伸，骨盆摆正，静态拉伸30秒后，换另一侧练习（图7-60、图7-61）。

图7-60

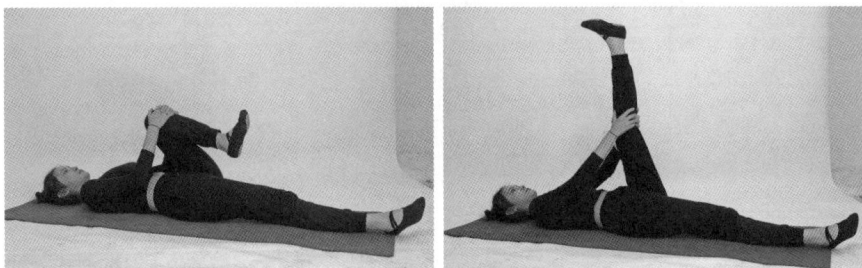

图7-61

2.动态犁式

仰卧于垫子上，双手放在身体两侧，双腿弯曲，向前、向上伸直，双腿与地面垂直后，停留保持。注意腰背部、臀部紧贴地面，不要挪动。呼气时，腰腹部和背部用力，向上提起身体，尽量将双腿向头后方推送。双腿伸直，脚面绷紧，使腰背部垂直于地面。脚尖接触地面，顶住腿部的后坐力。手掌贴近地面，手肘伸直，保持身体平衡。身体回正，动态反复练习30秒（图7-62）。

图7-62

3.动态眼镜蛇式

趴于垫子上，手肘弯曲，双手支撑推地，身体向上，头部后仰，然后向下还原，上下起伏，动态反复练习30秒（图7-63）。

4.静态眼镜蛇式

手臂伸展，双手向前支撑于地面，静态练习30秒。注意肩膀下沉，不要耸肩（图7-64）。

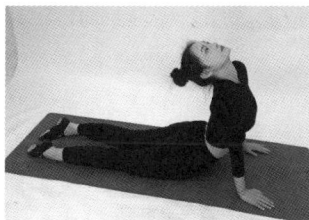

图7-63   图7-64

5.鸽子拉伸

坐于垫子上，一条腿向前一步，小腿横放在身体前侧，勾脚，尽量与垫子平行；另一条腿向后伸直，膝盖与脚背贴地，骨盆保持中正，上身向上，放松双肩。充分感受大腿后侧和臀部外侧肌肉的拉伸，保持30秒后，换另一侧练习（图7-65）。

图7-65

6.卷腹训练

坚持卷腹训练，以增强腹壁肌肉，尤其是腹直肌（图7-66）。

7.背部肌肉锻炼

俯卧位进行背部肌肉锻炼，如小燕飞、五点支撑的动作锻炼，可以帮助增加腰背部肌肉，使背部肌肉强度增加，改善骨盆后倾的情况（图7-67）。

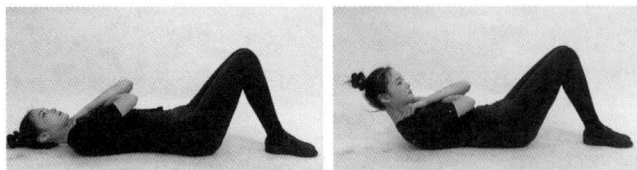 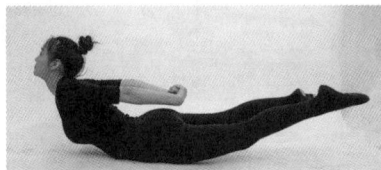

图7-66　　　　　　　　　　　　　　　　　图7-67

8.下腰压伸

保持跪姿，上半身向前趴下，双上肢尽量向前接触地面，身体压迫骶尾骨向后，保持15～30秒，完成10～20组动作（图7-68）。

9.仰卧抱腿抬上身

取仰卧位，极度屈膝、屈髋，双手抱住小腿中段前方，前后晃动身体。小腿向上抬起，伸出双手扶住小腿中部，头部与上半身轻离地面。反复练习5～10个动作，完成6～10组（图7-69）。

 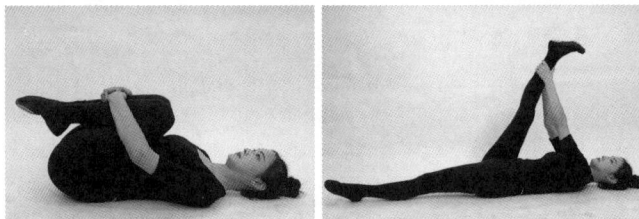

图7-68　　　　　　　　　　　　　　　　　图7-69

第五节　腿部、足部姿态矫正

一、腿部、足部异常姿态

（一）X型腿

X型腿是一种常见的腿部形态问题，它的特点是当个体在自然站立的姿态下，膝盖部位能够相互接触或者靠得很近，然而脚踝部位却无法相互并拢，导致双脚之间存在一定的间距。这种腿部结构通常会形成一个明显的外扩的腿部轮廓，类似于字母"X"的形状，因此得名X型腿。X型腿的形成可能与多种因素有关，包括遗传因素、生长发育过程中的营养不良、骨骼发育不平衡、肌肉力量分布不均等。在某些情况下，X型腿可能会随着年龄的增长而有所改善，尤其是在儿童和青少年时期，通过适当的体育锻炼和营养补充，可以促进骨骼和肌肉的正常发育，从而有助于纠正X型腿。

（二）O型腿

O型腿也称为膝外翻，是一种常见的下肢畸形，主要表现为双腿在站立时膝盖无法并拢，两膝之间有明显的距离。这种状况在医学上被称为膝关节内翻畸形，通常是由于膝关节解剖结构异常或者肌肉力量不平衡导致的。O型腿的形成可能与多种因素有关，包括遗传因素、营养不良、骨骼发育不正常、肌肉发育不均衡，或者是某些疾病的影响。轻度的O型腿可能不需要特别的治疗，通过日常运动锻炼和注意营养平衡，可以逐渐改善。在日常生活中，预防O型腿的措施包括保持良好的饮食习惯，确保摄入足够的钙和维生素D，以促进骨骼健康；进行适当的体育锻炼，增强肌肉力量，特别是大腿肌肉的力量；避免长时间保持不良姿势，如跪坐或交叉腿坐等（图7-70）。

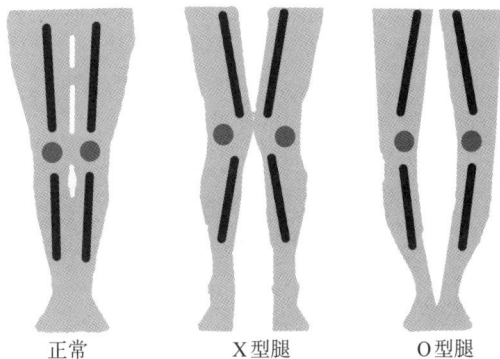

正常　　　　　X型腿　　　　　O型腿

图7-70

二、X型腿的矫正

（一）坐姿分膝运动

坐在地上或垫子上，两手按双膝内侧，双脚掌合拢；接着，双手向下慢慢按压，使双膝尽量缓缓地分开，到不能再往外分和下压为止，并停顿5～10秒，然后还原。重复15～20次，共练习4组（图7-71）。

（二）双脚夹物运动

双腿直立，两脚腕处夹紧一软质之物。然后，双脚停顿5～10秒，放松还原。要求夹紧和还原时，所夹之物不能掉到地上。先用体积大的物品，再逐渐换成小的物品，直到能夹得住一张纸为止。重复20～30次，练习4组（图7-72）。

图7-71

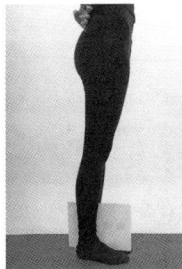

图7-72

（三）起飞式

俯卧于垫子上，双手放于身体两侧，脊柱向前延伸，抬起一条腿，感受腿部和臀部肌肉的收缩。左右两侧为一次，10次为1组，练习3组（图7-73、图7-74）。

图7-73

图7-74

（四）美人鱼式

侧卧在垫子上，腰腹部核心收紧，臀中肌发力，膝盖向上抬。左右两侧为一次，10次为一组，练习3组，注意膝盖不要用力（图7-75、图7-76）。

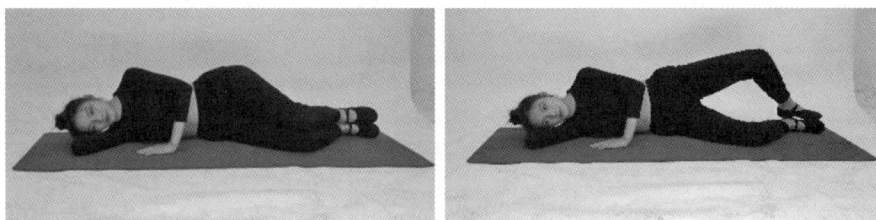

图7-75

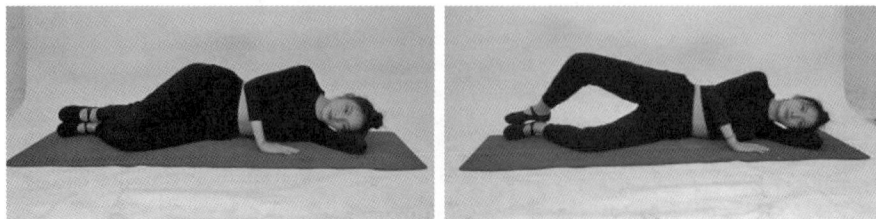

图7-76

（五）内侧拉伸

平躺在垫子上方，双手放在身体的两侧，抬起一条腿向旁侧倒，感受内侧拉伸，反侧练习，双侧各进行30秒（图7-77）。

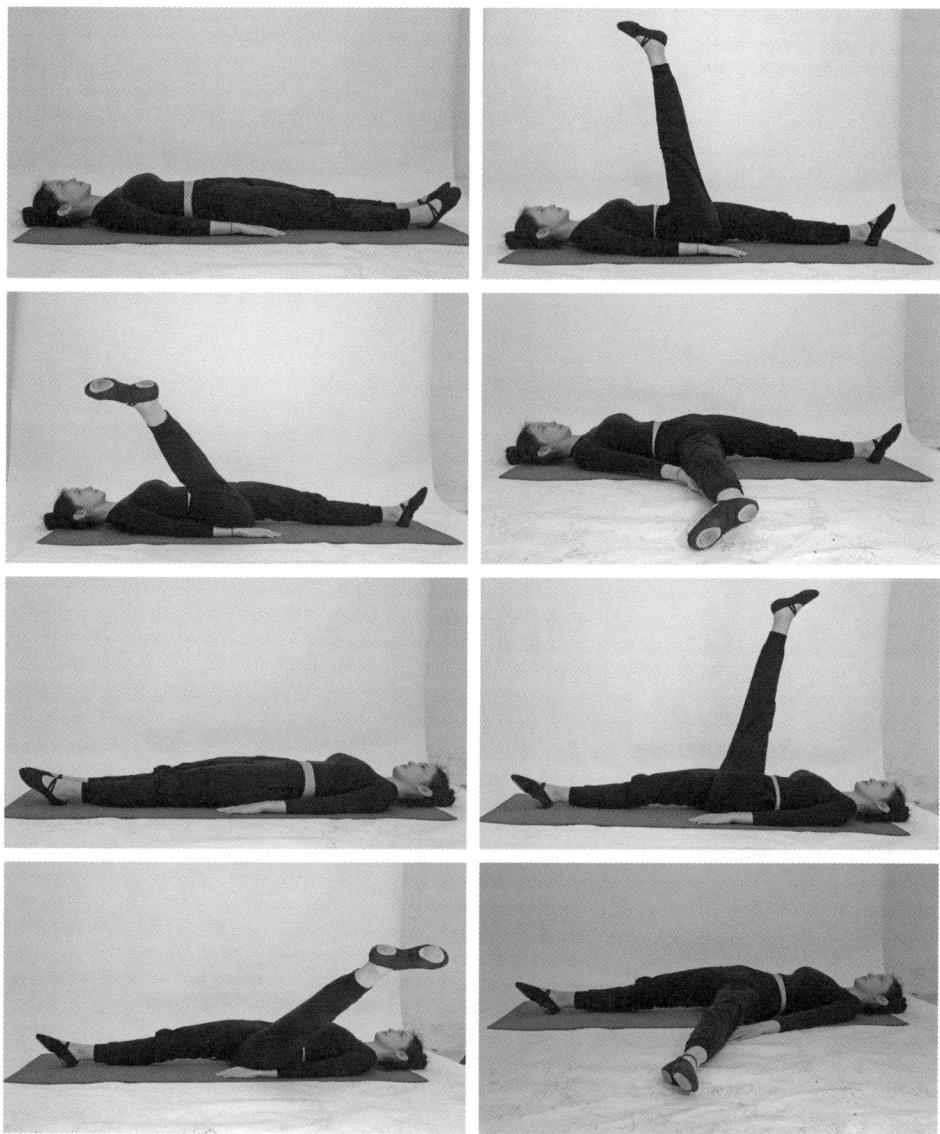

图7-77

（六）足弓训练

足弓的问题可以用弹力带调整。坐在垫子上，一侧脚向外侧用力蹬住弹力带，产生对抗的力，保持10秒，对侧练习，双侧各进行30秒（图7-78）。

矫正训练方法是为了提高膝关节两侧韧带的韧性和弹性，压直骨的不正常曲度，增强腿内外侧肌肉群的收缩力量和伸展性能，从而达到矫正变形的目的。

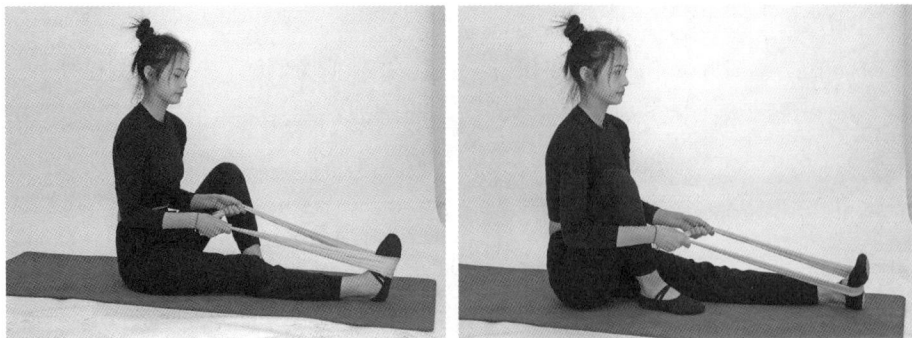

图7-78

三、O型腿的矫正

（一）弓步侧压腿

双侧交替弓步压腿30次（图7-79）。

（二）杠铃夹腿深蹲

肩负中等重量的杠铃，两腿分开约同肩宽，慢慢下蹲至全蹲，膝角小于90度，然后快速夹腿直立。每组8~10次，共做4~6组（图7-80）。

图7-79

图7-80

（三）两腿夹纸

站立姿势，双脚并拢，保持身体挺直，在膝盖部夹一张纸，坚持在数分钟内不让纸张落下，尽量保持纸张位置稳定。练习时也可以在膝关节下部扎一根绳子，以增加难度和稳定性，每组进行8次夹纸动作，共做4组（图7-81）。

（四）猫步

站立姿势，双脚并拢，保持身体挺直。迈出一步，脚尖朝前，膝盖与脚尖对齐。另一只脚跟随迈出，同样将脚尖朝前，膝盖与脚尖对齐。感觉行走在一条直线上，重复以上步骤，以猫步行走的方式前进，练习30~60秒（图7-82）。

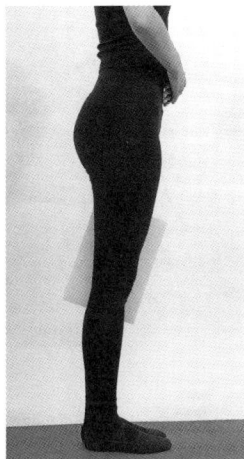

图7-81　　　　　　　　　　　图7-82

（五）弯曲半蹲

双腿开立，与肩同宽。双膝弯曲半蹲，保持腰背挺直，膝盖不超过脚尖。重复练习，每组进行10次，练习3组（图7-83）。

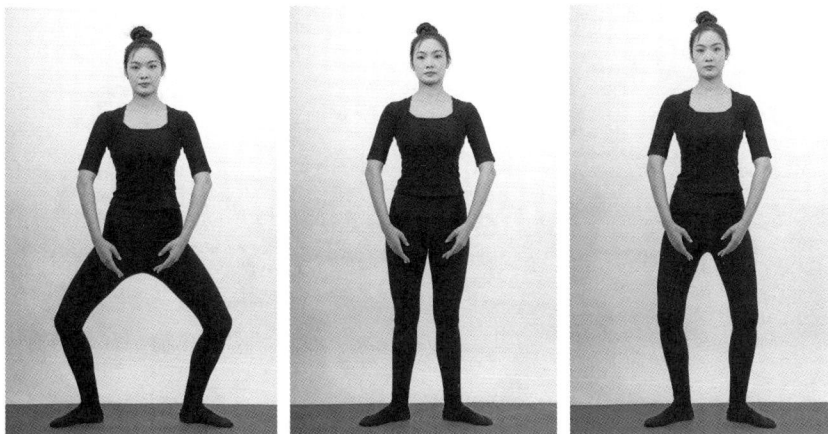

图7-83

四、瑜伽练习改善下肢不良体态

（一）坐姿练习

1.动态束角式

坐于垫子上，脚心相对。臀部向后挪动，使大腿与地面接触，双手抓住小腿的踝关节上方，保持平衡。身体向前倾斜，尽量靠近双膝。之后向后退，回到起始位置。重复以上动作，前后动态练习20秒。注意感受骨盆的灵活性，并放松身体（图7-84）。

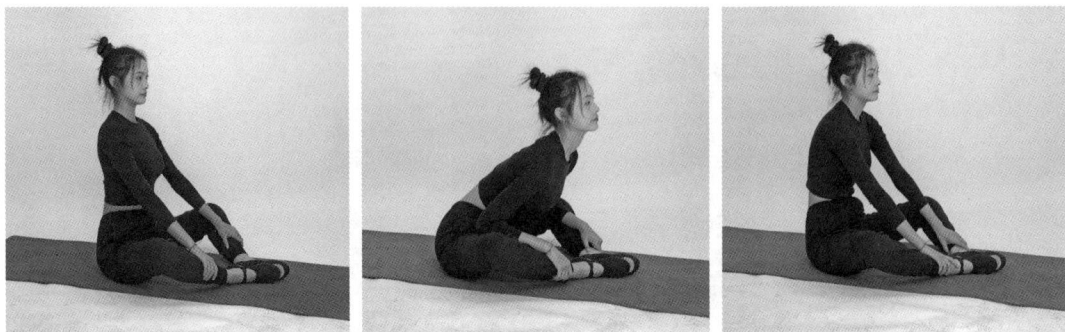

图7-84

2.静态束角式

脚心相对，身体重心向前，将手肘放于大腿内侧。身体向下压低，尽量靠近大腿。静止20秒，保持呼吸平稳。感受膝盖分开的状态，注意感受髋部的稳定和身体的放松（图7-85）。

3.坐姿单腿开髋

坐于垫子上，确保脊柱挺直，身体放松。将双腿伸直并放松。可以选择一侧腿抬高，另一侧腿平放在地面。手肘抱紧一侧腿，这样可以提供额外的支撑和平衡。同时，勾脚保持膝盖稳定，避免膝盖向内或向外弯曲。

图7-85

也可以将手肘抽离出来，用手掌推动膝盖，使其远离身体。这样可以增加髋部的受力感。保持此姿势约20秒，感受髋部的伸展和放松。注意呼吸平稳，不要屏住呼吸。完成后，缓慢地还原到初始的坐姿，放松双腿。反方向练习，即换另一侧腿抬高进行相同的动作（图7-86）。

图7-86

此运动可以有效地放松髋部和大腿肌肉，缓解长时间坐着或站立带来的不适感。每天坚持此练习，可以改善身体的灵活性和舒适度。

（二）跪姿练习

1.跪撑髋部画圈

采取屈膝跪姿，将身体放在垫子上方。双腿打开，保持与肩同宽。左右摆动臀部，使臀部肌肉得到充分拉伸。抬起一侧腿，从内向外、向后向下画一个圆圈。这个动作可以有效地锻炼臀部和大腿外侧的肌肉。在画圈的过程中，尽量保持动作流畅和稳定，不要用力过猛或突然停止。画圈动作持续20秒，还原到跪姿，然后反方向练习。这样可以确保两侧臀部和大腿肌肉得到均衡的发展和锻炼（图7-87）。

图7-87

2.动态抬腿

采取屈膝跪姿，身体处在垫子上方。腹部向上挺，抬起一侧腿，向侧、向上打开，收紧臀部，悬空回到腿的内侧，做上下抬腿动作。动态练习20秒，感受臀肌发力，此练习可以从根源上改善腿部线条。还原到跪姿，然后反方向练习，这样可以确保两侧臀部和大腿肌肉得到均衡的发展和锻炼（图7-88）。

图7-88

3.动态顶髋

采取跪姿，双手扶住臀部，收紧腹部，臀部向脚跟的位置移动，腿发力夹紧臀部，髋部向前侧伸展，动态练习20秒。需要稳定骨盆，保持臀部夹紧的状态，感受髋部拉伸，注意调整呼吸（图7-89）。

图7-89

4. 侧门闩式动态

双腿并拢，一侧腿保持不动，另一侧腿向外打开，膝盖与脚尖朝外，膝盖保持在脚跟的正上方。同侧手肘放在膝盖上，手轻轻握拳，另一侧手推动臀部后侧，重心在同侧腿向下压低，脚蹬还原，向侧、向下动态练习20秒。之后，重心放在同侧腿，手肘向前推动膝盖，再向后找到臀部向后的感觉，两侧手推动臀部向前顶，髋部外旋，呼气压低保持静态20秒。还原放松，换侧练习，双侧各练习30秒（图7-90、图7-91）。

图7-90

5. 青蛙式静态开髋

双侧腿向外打开，脚跟内收，手推动，臀部向后、向下，动态练习20秒。身体前倾下压，手心相对，静态练习20秒（图7-92）。

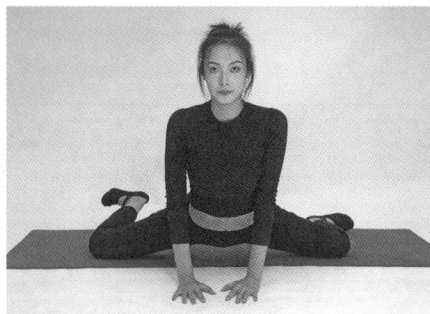

图7-91　　　　　　　　　　　　　　　　　　　图7-92

（三）卧姿练习

1.肘撑大腿前侧拉伸

手肘向前，趴于垫子上方，双腿伸展。一侧手肘支撑，不要耸肩，另一侧手臂向外打开，回身抓住脚的外侧或内侧，脚跟靠近臀部，静态保持20秒。小腹收紧，进行大腿前侧深度拉伸。慢慢还原，继续反方向练习（图7-93）。

图7-93

2.动态蝗虫

双手重叠，头部落于手的上方。脚心朝上，大腿内侧向上，外侧向下，双小腿向上、向下动态练习20秒。大腿内侧发力，带动小腿，利用腿部后侧力量进行（图7-94）。

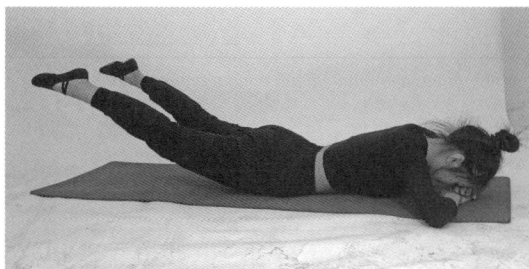

图7-94

3.仰卧束角式

仰卧于垫子上，双腿打开，脚心相对，双手放于身体两侧，静态保持20秒，身体放松。双腿并拢，双手握住膝盖窝，上下摆动2~3次，坐于垫子上方（图7-95）。

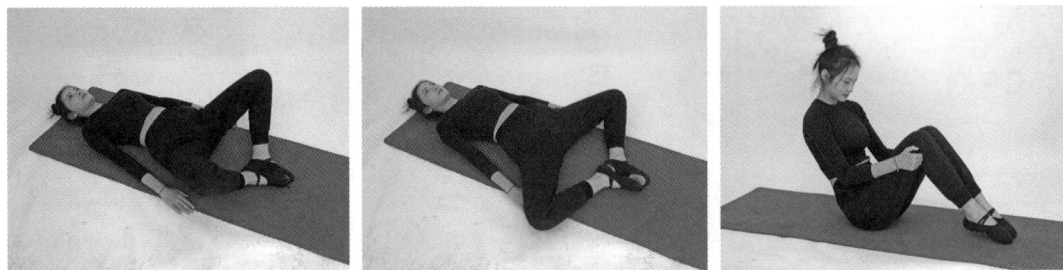

图7-95

第八章
空乘人员有氧燃脂训练

第一节　HIIT与TABATA训练概念

一、HIIT

高强度间歇训练（HIIT），是一种结合了有氧和无氧训练的高强度锻炼方式，是在短时间内进行全力、快速、爆发式锻炼的训练技术。通过这种技术，训练者可以在较短的时间内提高心率并燃烧更多的热量。HIIT通过快速、高强度的动作和短暂的休息时间来实现快速减脂和增强身体的效果。因此，它已经成为健身行业备受青睐的主流锻炼方式之一。

HIIT的主要特点是时间短、强度高。通过不同的动作组合和训练方式，可以迅速提高人体的代谢率和心肺功能。在HIIT中，通常将几个动作组合成一组，每组的时间一般在20秒到1分钟，运动强度非常高。接着是一段短暂的休息时间，这样的训练组合可以反复进行几个循环。通过这种方式，可以在较短的时间内达到高强度的运动效果，增加身体的耐力，同时提高身体代谢率，使身体能够维持较高的能量消耗状态，从而达到快速减脂的目的。

很多女性不愿意进行高强度的运动训练，一方面是因为很辛苦，另一方面是因为担心练习后肌肉会发达。然而这种担忧是多余的。虽然HIIT要求一定的力量，但它与传统的器械力量训练不同，主要目的是塑造身体曲线而不是练出大块肌肉，女性也适合练习。

需要注意的是，尽管HIIT是一项减脂运动，但其强度非常大。因此，建议在进行HIIT之前适当补充含蛋白质和糖分的食物。只有给身体提供足够的能量，才能让其更好地燃烧脂肪。

（一）HIIT的具体训练方法

首先，选择一种有氧器械，可以是跑步机、椭圆机、划船机、单车，或者游泳等。进行5分钟的热身训练，可以选择适当的有氧运动来提高身体温度和促进血液循环。接下来进行一些拉伸运动，准备开始HIIT。

开始时，以1分钟的中速运动作为起点，保持适中的运动强度。然后逐渐加快速度，达到最大心率的90%或95%。在这个高强度状态下持续运动15~20秒，这可以是一个循环。需要注意的是，这个循环要保持不间断地进行，即在15分钟内不断重复这项先中速1分钟再竭力20秒的运动。

最后，用5分钟的时间进行慢速整理运动，以结束整个训练过程。慢速整理运动可以帮助身体逐渐恢复到正常状态，同时减少肌肉酸痛和疲劳感。

通过这种HIIT方法，可以在较短的时间内获得高效的有氧锻炼效果。这种训练方式可以提高心肺功能、燃烧脂肪、增强肌肉力量和耐力。然而，由于其强度高的特点，初学者可能需要适应一段时间才能掌握这种训练方式。因此，在进行HIIT之前，建议咨询专业的健身教练或医生，以确保自己的身体状况适合进行这种高强度的训练。

（二）HIIT的优点

1.时间效率

HIIT的优点之一就是其高效的时间利用。由于HIIT的强度较高，每次训练的时间通常不会超过30分钟，这使它成为那些时间紧张但又想保持健康的人的理想选择。

2.卡路里燃烧

HIIT能够在短时间内燃烧大量的卡路里。研究表明，一次HIIT可以燃烧的卡路里量相当于长时间的有氧运动。这是因为在HIIT中，身体需要在高强度的运动和休息之间快速切换，这会使身体在训练后的几小时内继续燃烧卡路里。

3.提高心肺功能

HIIT可以提高心肺功能，增强心脏的泵血能力。这是因为在HIIT中，身体需要在短时间内给肌肉提供大量的氧气和营养物质，这对心肺系统提出了很高的要求。

4.提高身体耐力

HIIT可以提高身体的耐力，使身体能够在高强度的运动中持续更长的时间，使身体变得更强壮、更有耐力。

5.提高代谢率

HIIT可以提高身体的代谢率，使身体在训练后的几小时内继续燃烧卡路里。这是因为在HIIT中，身体需要在短时间内给肌肉提供大量的能量。

6.无须特殊设备

HIIT不需要特殊的设备或场地，只需要一个可以站立或坐下的地方就能进行，这使HIIT成为一种非常灵活的训练方式。

7.改善心理健康

HIIT不仅可以改善身体健康，还可以改善心理健康。研究发现，HIIT可以减轻压力，调节情绪，增强自信心。

总的来说，HIIT是一种高效、灵活、健康的健身训练方式。它可以在短时间内提高身体的有氧和无氧能力，燃烧大量的卡路里，提高心肺功能，改善心理健康。因此，无论训练者是想要减肥，还是想要提高身体健康程度，HIIT都是一个非常好的选择。

（三）HIIT运动的注意事项

在参与HIIT运动时，有一些注意事项需要训练者牢记。

1.结合自身健康状况适度开始

对于初学者，建议适度训练，不要一开始就过于激烈。可以逐渐增加运动的强度和时长，以避免对身体造成过大的负担。在开始任何新的运动计划之前，都应该先进行健康检查，确保训练者身体状况适合进行高强度的运动。如果训练者有任何慢性疾病或者新的健康问题，最好在开始新的运动计划之前咨询医生。

2.运动前充分热身与拉伸

在进行HIIT运动之前，一定要进行充分的热身和拉伸。这可以帮助身体准备好迎接即将到来的高强度运动，同时也可以降低运动伤害的风险。

3.正确的运动技巧

在进行HIIT运动时，正确的运动技巧是非常重要的。错误的运动技巧不仅会影响训练者的运动效果，还可能会增加训练者受伤的风险。因此，如果训练者不确定如何正确地进行某种运动，最好寻求专业人士的帮助。

4.保持适当的饮食和水分

HIIT运动需要消耗大量的能量和水分，所以需要保持适当的饮食，以满足身体的能量需求。因此，需要确保训练者饮食中含有足够的营养，以支持其运动需求。同时，需要确保在运动前、中、后都有足够的水分摄入。

5.注意休息

在进行HIIT运动后，需要适当休息。这样可以让身体得到充分的恢复和修复，避免因过度训练而引起运动伤害。在每组运动之间，训练者应该给自己足够的时间来恢复体力。此外，每周也应该有1～2天的休息日，让训练者的身体有时间来恢复。

6.避免过度训练

虽然HIIT运动可以帮助训练者快速提高体能，但是过度训练可能会导致身体疲劳和受伤。因此，训练者应该根据自己的身体状况和能力，适当调整运动强度和频率。

7.监测身体反应

在进行HIIT运动时，训练者应该密切关注自己的身体反应。如果训练者感到头晕、恶心、呼吸困难，或者有其他不适的症状，应该立即停止运动，并寻求医生的帮助。

总之，HIIT运动是一种高强度的锻炼方式，有可以快速燃脂、增强身体耐力、保护肌肉组织、高效利用时间、改善心理状态等优点。

二、TABATA训练

TABATA训练，又称塔巴塔训练，也是一种高强度的间歇训练方式。该方法被广泛应用于体力训练，是由日本运动科学家田畑泉教授于1996年提出的一种运动概念，其是一种通过提升有氧耐力水平和无氧耐力水平，进而提升体能水平的训练方法。这种训练方法以其简单、高效的特点，受到形体训练者的广泛欢迎。田畑泉教授做过一个测试，做TABATA训练的运动员，体能确实有明显提升，经过一个周期（6周）的训练，其有氧耐力水平的最大摄氧量提高了10%，无氧耐力水平的最大氧亏提高了30%。即使运动水平达不到运动员的标准，用TABATA训练法逐渐递增难度和增加训练时间，同样可以提高综合体能。

（一）TABATA训练的基本流程

TABATA训练是一种高强度间歇训练方式，要求训练者进行20秒的高强度训练，然后休息10秒，共8组，每组4分钟。

1.热身准备

在进行TABATA训练之前，训练者需要进行适当的热身活动，如跑步、跳绳或动态伸展等，以准备迎接高强度的训练。

2.训练

在开始第一组训练时，训练者需要选择一个或多个动作，如深蹲、俯卧撑、跳跃等，然后进行20秒的高强度训练。这意味着在这20秒内，训练者需要全力以赴地完成尽可能多的动作。20秒高强度训练，间隔10秒休息，一共8组，每组4分钟。

3.放松休息

训练后，有必要安排放松活动，可以是拉伸、深呼吸、动态休息或经典瑜伽等，有助于营造完美分割，促进心理和肌肉放松。完成20秒的高强度训练后，健身者需要休息10秒。这个休息时间可以让身体得到短暂的恢复，为下一轮训练做好准备。

4.饮水

饮水是训练期间不可或缺的一部分。通过多喝水，可以保持身体的水分平衡，提高运动效果，并促进身体的恢复和健康。进行高强度的运动时，身体会通过出汗来散热，这会导致训练者失去大量水分。如果训练者不及时补充水分，就会导致脱水的情况发生。

5.后续轮次

接下来，训练者需要重复上述的训练和休息周期，共进行8组。每组训练持续4分钟，其中包括20秒的高强度训练和10秒的休息时间。

6.结束训练

当完成所有轮次的训练后，训练者可以逐渐降低运动强度，进行一些放松和拉伸活动，以帮助身体恢复并缓解肌肉疲劳。

需要注意的是，TABATA训练是一种高强度的训练方式，对于初学者或身体状况较差的人来说，应适当调整训练强度和次数。此外，合理的饮食和充足的休息也是进行TABATA训练的重要因素，以确保身体能够适应这种高强度的训练。

（二）TABATA训练的好处

TABATA训练强度高、时间短、抗压性好，可有效进行健康管理，对身体有很大的好处，人们可以通过每4分钟的TABATA训练有效地完成力量锻炼，促进体能及身心健康。

1.强度高

强度高的训练方式对减肥来说非常有效。通过20秒的高强度训练，训练者可以在短时间内消耗大量的热量，从而达到减肥的目的，同时能够提高训练者的耐力和适应能力。

2.时间短

比起其他应耐性训练，TABATA的训练时间很短，仅4分钟，能帮助人们在繁忙的日常生活中进行有效的体育训练。

3.抗压性好

抗压性好对于训练者来说具有重要的意义，不仅可以减轻身体疲劳、增强体力训练效果，还可以提升记忆、学习和问题解决能力。通过适当的锻炼有助于培养出良好的抗压性，使训练者更好地应对生活中的各种挑战和压力。

4.健康管理

TABATA训练能够改善身体的健康状况，提高免疫力，保护脊柱，增强心脏肌肉力量，有利于控制血糖，保持内分泌及血液系统的稳定性。

（三）TABATA训练的局限性

TABATA训练必须有正确的补救措施来解决累积的疲劳感。它是一种极限性训练方式，要求健身者进行20秒的高强度训练，然后休息10秒，共8组，每组4分钟。因此，每4分钟可消耗大量热量。

三、HIIT与TABATA训练的区别

HIIT和TABATA训练都是高强度的训练方法，适用于相似的人群。这两种训练方法都不需要过长的训练时间，并且不受训练场地的限制，但两者之间还是存在一些明显的区别。

（一）训练方式、训练时长不同

TABATA训练是一种更为专注的高强度有氧训练方法。通过短时间内的高强度运动和休息交替进行，以达到燃烧脂肪、提高心肺功能的效果。TABATA训练的时间通常在4分钟左右，包括20秒的高强度运动和10秒的休息，总共进行8组。这种训练方式可以在短时间内达到较高的运动强度，适合那些时间紧张但又想保持健康的人群。在TABATA训练中，可以选择一项有氧运动，如跑步、跳绳或踏步机，并进行4分钟的连续高强度运动。在这4分钟内，需要全力以赴地运动，尽可能提高心率和呼吸频率，然后会进行15~30秒的休息，以便恢复体力。整个训练过程重复8组，总共耗时约30分钟。TABATA训练的特点是将一组动作的持续时间设定为20秒，紧接着进行10秒的休息。这种训练方式旨在通过短时间内的高强度运动来提高心肺功能和燃烧脂肪。

HIIT是一种综合性的高强度训练方法，结合了有氧运动和力量训练的元素。在HIIT中，会进行一系列的高强度运动，如跳跃、深蹲、俯卧撑等，每个动作持续时间较短，通常为20秒至1分钟。然后，训练者会进行一段较短时间的休息，以便恢复体力。这种交替进行的训练方式可以提高心肺功能、燃烧脂肪，并增强肌肉力量和耐力。训练时间要长一些，一般需要30分钟左右。HIIT是一种更为灵活的训练方法，其动作的持续时间可以在30秒到2分钟变化，而休息时间也是相应延长至30秒到2分钟。相比于TABATA训练，HIIT更加注重对肌肉力量和耐力的训练，同时也能够更有效地提高代谢率和脂肪燃烧效果。HIIT是一种高强度间歇训

练方式，但它的运动时间和休息时间比例更加均衡，通常有30秒的高强度运动和30秒的休息，总共进行15～20组。这种训练方式可以更全面地提高心肺功能、增强肌肉力量和耐力，同时也能够有效燃烧脂肪。由于训练时间较长，HIIT更适合那些有更多时间投入锻炼的人群。

（二）适应人群上有一定的差异

由于HIIT结合了有氧训练和力量训练的元素，所以它更适合那些已经具备一定基础体能的人群。而TABATA则更注重有氧运动，适合那些想要快速燃烧脂肪、提高心肺功能的人群。

（三）针对肌肉和心肺锻炼的不同

TABATA训练主要专注于肌肉的构建和维持方面的训练，而HIIT则主要关注心肺功能的提升。TABATA训练是一种以高强度运动和短暂休息为特点的训练方法。它通过在短时间内进行高强度的运动，如快速跑步、跳跃等，来刺激肌肉的生长和发展。这种训练方式注重肌肉的力量和耐力的提升，有助于塑造紧致有力的身体线条。相比之下，HIIT更侧重于心肺功能的提高。在HIIT中，训练者会进行一系列高强度的运动，如快速跑步、跳绳等，每个动作持续时间较短，然后进行短暂的休息。这种训练方式可以提高心肺系统的工作效率，增强心脏和肺部的功能，从而提高身体的耐力和有氧能力。虽然TABATA训练和HIIT都是高强度的训练方法，但它们的重点不同。TABATA训练主要关注肌肉的构建和维持，适合那些希望塑造身材、增加肌肉质量的人群。而HIIT则更适合那些希望提高心肺功能、增强耐力、改善有氧能力的人群。

（四）训练强度不同

TABATA训练每个训练周期由20秒的高强度运动和10秒的休息组成，总共进行8个周期。这种训练方法的目标是通过短时间内的高强度运动来提高心肺功能和燃烧脂肪。据说，TABATA训练的强度非常高，可以帮助人们突破自己的最大心率限制，甚至可以达到170%的最大心率值。这意味着在进行TABATA训练时，心脏会以非常快的速度跳动，为身体提供充足的氧气和营养物质。

相比之下，HIIT是一种更为灵活的训练方法，它可以根据个人的能力和目标进行调整。HIIT通常包括一个高强度的运动阶段，紧接着是一段较短的休息或低强度运动。这种训练方法的目的是通过交替进行高强度和低强度运动来提高心肺功能、燃烧脂肪和增加肌肉力量。相比于TABATA训练，HIIT的强度稍弱，因为它没有严格的时间限制和固定的运动周期。

总结起来，HIIT和TABATA训练都是高强度训练方法，但它们的训练方式和适应人群略有不同。选择适合自己的训练方法，可以更好地达到形体训练目标。

第二节　HIIT 组合

一、开合跳

开合跳是一种有氧运动，可以锻炼全身肌肉和提高心肺功能。训练时原地站立，双脚并拢，向上跳跃的同时双腿分开，将双臂向上伸展，在头顶上方击掌，然后回到起始位置，双手拍大腿两侧。这个动作可以反复进行，每次跳跃时都要尽量用力，以增加运动的强度和效果。重复动作，练习30秒（图8-1）。

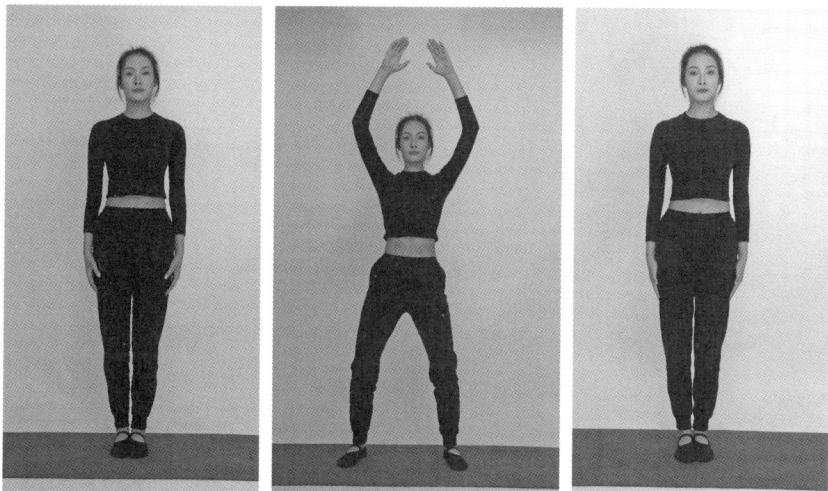

图8-1

二、胯下击掌

胯下击掌是一种有氧运动，可以锻炼腿部力量，提高身体协调性。身体直立，双手侧平举。提起左侧膝盖尽量上抬，并带动同侧髋略微前倾，提膝角度可大于90度。双手在左大腿下侧击掌。击掌完毕，左腿回位，双手回位，再次侧平举。同样的动作，完成右侧击掌，按此顺序依次循环进行（图8-2、图8-3）。

图8-2　　　　　　　　　　　　　　　　图8-3

三、同侧提膝

同侧提膝是一种针对腹肌和核心肌群的有氧运动，可以增强腹部力量和提高身体协调性。双脚并拢站立，屈肘，双手抱头，分别侧提膝将肘部靠近膝盖。双腿交替侧提膝，保持自然呼吸，动作连贯流畅。注意利用侧腹的力量将肘部靠近膝盖，使腹部有明显的挤压感（图8-4、图8-5）。

 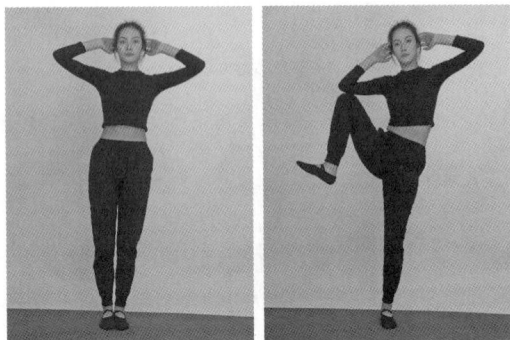

图8-4   图8-5

四、对侧提膝

对侧提膝是一种针对腿部和核心肌群的有氧运动，可以增强腿部力量，提高身体协调性。站立姿势，双脚并拢，身体笔直，双手放在头部两侧。注意保持呼吸顺畅，不要过度紧张。抬起一条腿的膝盖，将脚掌向内扣，使之与地面垂直，保持身体平衡。向对侧弯曲身体，将抬起的膝盖向上拉伸，直到其与对侧肘部相接触。在这个过程中，需要注意保持身体的稳定性，不要过度弯曲或者扭曲身体（图8-6、图8-7）。

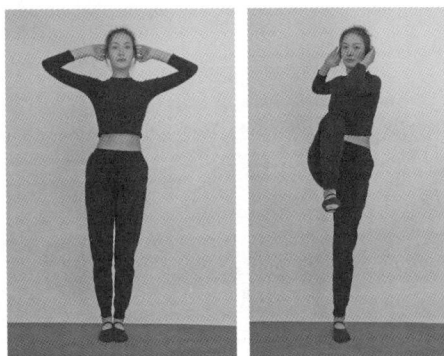 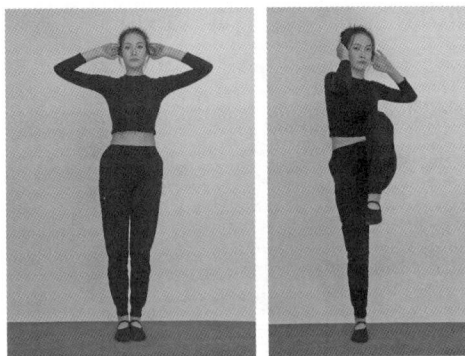

图8-6   图8-7

五、左右交叉跳

左右交叉跳是一种有氧运动，可以锻炼腿部力量，提高身体的协调性。保持身体挺直，双脚分开站立，跳起后，两腿前后位左右交叉点地，反侧同样练习。根据个人能力和舒适度，逐渐增加跳跃的高度和距离（图8-8、图8-9）。

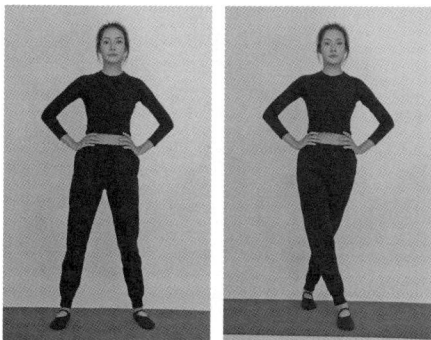

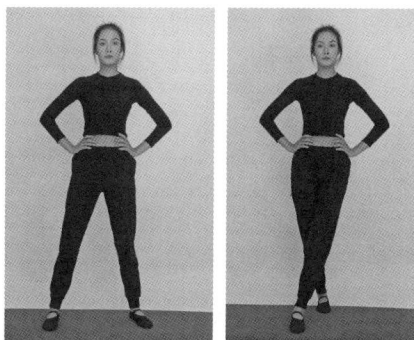

图 8-8　　　　　　　　　　　　　　　　图 8-9

六、勾腿跳

两脚分开半脚间距，自然站立，抬头挺胸，展肩直背，两眼目视前方。双手掌心向后，放置于臀部后侧。大腿后侧肌群发力，脚尖微微绷直，抬起小腿向后上方臀部方向快速击打手掌心，右腿伸直站稳。下落时左脚脚尖微勾，伸膝脚尖着地，脚踝、膝盖、脊椎保持一定弹性，缓冲下降重力势能。匀速浅呼吸，两腿交替练习，并控制双脚始终落在原地（图 8-10、图 8-11）。

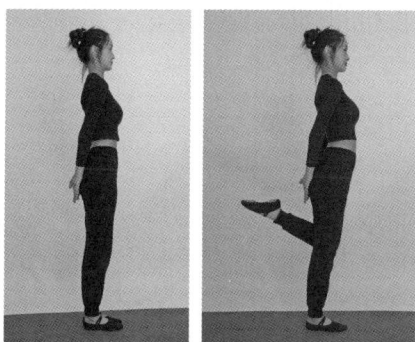

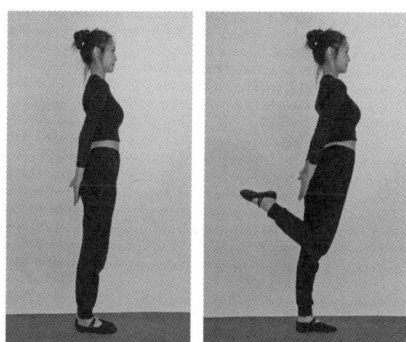

图 8-10　　　　　　　　　　　　　　　　图 8-11

七、提膝落肘

提膝落肘是一种针对腹肌和核心肌群的有氧运动，可以增强腹部力量，提高身体协调性。双脚并拢，双手上举。左膝提起向腹部靠近，手肘找左膝。左腿回落，双手上举。右膝提起向腹部靠近，手肘找右膝（图 8-12、图 8-13）。

八、提膝下压

提膝下压是一种针对腿部和核心肌群的有氧运动，可以增强腿部力量，提高身体的协调性。双脚并拢，双手向上举起并轻轻握住。提起左脚，膝盖呈 90 度，同时双手向下按压。然后双手向上举起，提起右脚，膝盖呈 90 度，同时双手向下按压（图 8-14、图 8-15）。

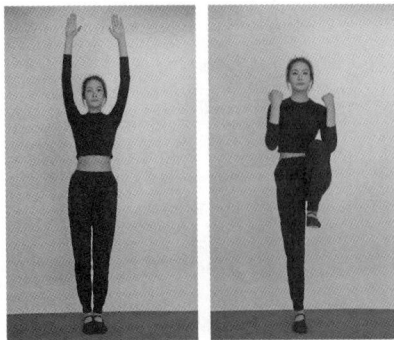

图 8-12

图 8-13

图 8-14

图 8-15

第三节　TABATA训练组合

一、前后交叉小跳

前后交叉小跳是一种有氧运动，可以锻炼心肺功能和提高身体的协调性。双脚前后交替跳跃，屈肘摆臂，双肩放松。跳起时用腹部的力量左右小幅度转动身体。脚踝放松，腰腹发力扭动身体。动作尽可能轻松流畅，全程保持均匀呼吸。四肢关节放松，用腰腹收缩发力，轻轻转动身体。注意不要用手臂、双腿主动发力，减小动作的幅度，放松四肢（图8-16、图8-17）。

二、合掌跳

合掌跳是一种有氧运动，可以锻炼心肺功能和提高身体的协调性。抬头挺胸，绷紧腹部，绷紧手臂，用胸肌的力量合掌。同时双脚前后交替，小幅跳跃。合掌时呼气，扩胸时吸气。动作轻盈，身体有弹性、不僵硬。注意动作不要太慢，否则会导致腰腹松散。逐渐加快动作速度，增加跳跃的高度和距离（图8-18、图8-19）。

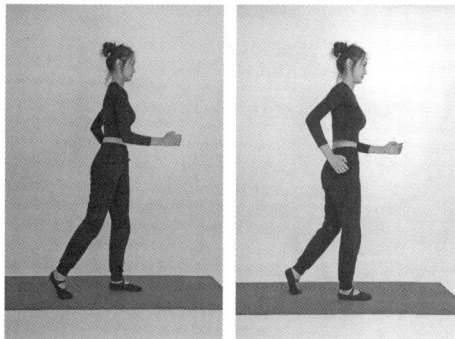

图 8-16

图 8-17

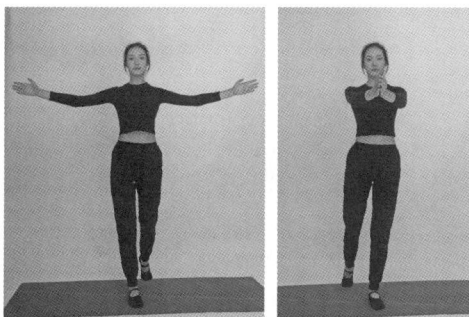

图 8-18

图 8-19

三、左侧膝盖击掌

左侧膝盖击掌是一种针对腹部肌肉的有氧运动，可以增强腹部力量和提高身体的协调性。重心位于右脚，右腿微屈，上半身与左腿呈一条直线，与地面保持45度夹角。上身固定，用腹肌的力量完成提膝击掌的动作。加快动作速度，还原时吸气，击掌时呼气。左侧腹部收缩挤压感明显，注意不要站得太直，会导致重心不稳。然后，右腿加大下蹲幅度，同时加大俯身的角度（图8-20、图8-21）。

图 8-20

图 8-21

四、右侧膝盖击掌

重心位于左脚，左腿微屈，上半身与右腿呈一条直线，与地面保持45度夹角。上身固定，用腹肌的力量完成提膝击掌的动作。加快动作速度，还原时吸气，击掌时呼气。右侧腹部收缩挤压感明显，注意不要站得太直，会导致重心不稳。然后，左腿加大下蹲幅度，同时加大俯身的角度。可以根据个人能力和舒适度，逐渐增加跳跃的高度和距离（图8-22、图8-23）。

图8-22   图8-23

五、交替侧弓步

交替侧弓步是一种针对大腿内侧肌肉的有氧运动，可以增强大腿内侧力量和提高身体协调性。双脚分开约2倍肩宽，脚尖朝向斜前方。重心放在一侧腿上，同侧手扶膝盖下蹲，腰背挺直。另一侧手触碰地面，膝盖与脚尖方向一致。臀部发力蹲起，转移重心做另一侧。下蹲时吸气，蹲起时呼气。蹲下时，大腿内侧有轻微牵拉感；蹲起时，大腿内侧有明显收缩感。如果膝盖无法与脚尖方向一致，应在练前拉伸大腿内侧，或减小双脚距离（图8-24、图8-25）。

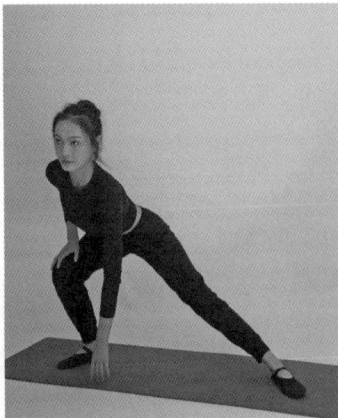

图8-24   图8-25

六、支撑收腹跳

支撑收腹跳是一种针对腹肌和核心肌群的有氧运动，可以增强腹部力量和提高身体协调性。俯撑在垫子上，双手与肩同宽，手肘微微弯曲，身体呈一条直线。腹部发力收回双腿，脚尖轻轻点地，同时抬高臀部。然后立即后撤跳回起始位置，做动作的过程中始终绷紧腰腹。向前跳时呼气，后撤跳时吸气。腹部有收缩发力感，后撤跳时收紧腰腹核心，至俯撑位时保持身体呈一条直线（图8-26、图8-27）。

图8-26　　　　　　　　　　　　　　　　　　图8-27

七、交替箭步蹲跳

交替箭步蹲跳是一种全身性的有氧运动，可以锻炼心肺功能、提高爆发力和协调性。上半身与地面垂直，双脚分开与肩同宽，双膝弯曲，呈90度角。后侧腿膝盖不着地，双手用力上摆来帮助身体起跳。在空中迅速换腿落地下蹲至双膝均呈90度角，双腿连续交替进行蹲跳。臀部和大腿发力感明显，多次跳跃后，大腿和臀部有酸胀感。重心保持在两腿中间，避免膝盖疼痛。根据个人能力和舒适度，逐渐增加跳跃的高度和距离（图8-28、图8-29）。

图8-28　　　　　　　　　　　　　　　　　　图8-29

八、高抬腿

高抬腿是一种有氧运动，可以锻炼心肺功能和提高身体协调性。挺直背部，目视前方。前脚掌着地，快速交替抬腿，保持身体稳定。随着抬腿节奏用力摆臂，保持最快速度。速度越快，心跳越快，呼吸越急促。注意不要重心后仰，减小抬腿的幅度，保持身体稳定。根据个人能力和舒适度，逐渐增加抬腿的速度和幅度。保持呼吸平稳，不要屏住呼吸。如果感到不适或疼痛，应立即停止该动作（图8-30、图8-31）。

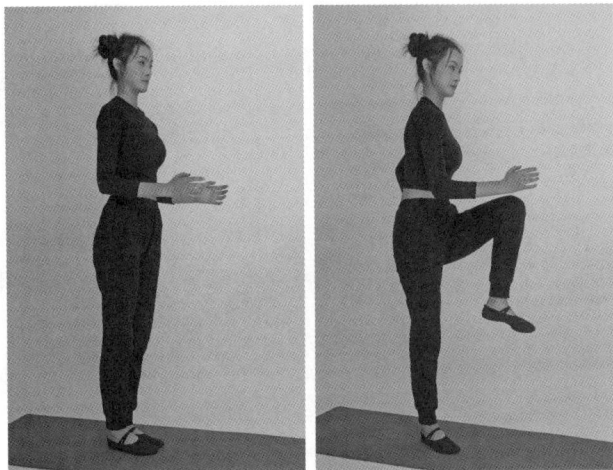

图8-30

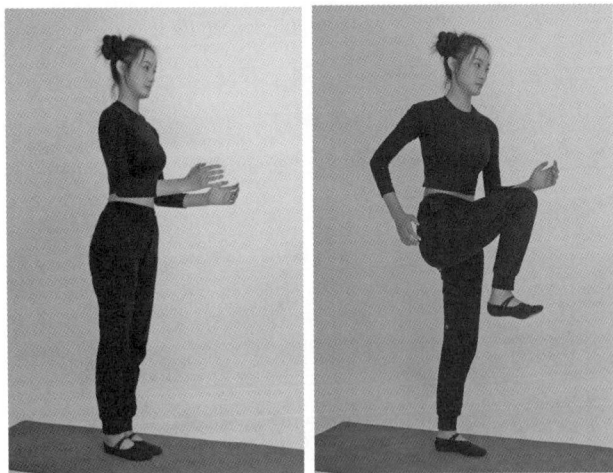

图8-31

九、左侧髂腰肌拉伸

左侧髂腰肌拉伸是一种针对左侧髂腰肌的拉伸动作，可以缓解肌肉紧张和疲劳。双手放在右侧大腿上，左腿向后撤，整个身体呈弓步。躯干垂直于地面，身体向右侧扭转，保持静止。感受左侧大腿根部的拉伸感，左侧大腿根部和左侧腹部有拉伸感。注意如果拉伸感不强，可以将左腿膝盖跪在地上，身体主动向前倾，这样会增加拉伸感。保持呼吸平稳，不要屏住呼吸，保持该姿势15～30秒，然后放松肌肉。可以重复该动作2～3次（图8-32、图8-33）。

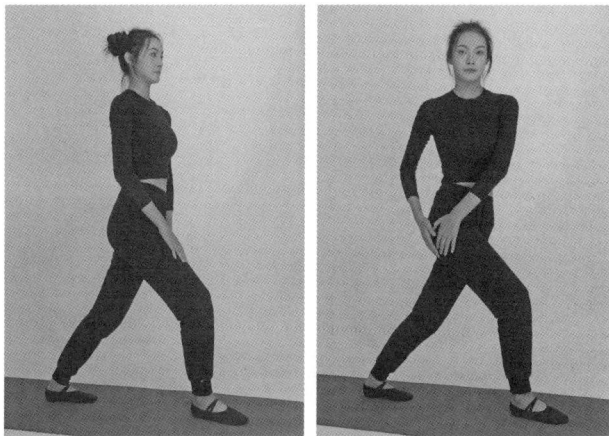

图 8-32

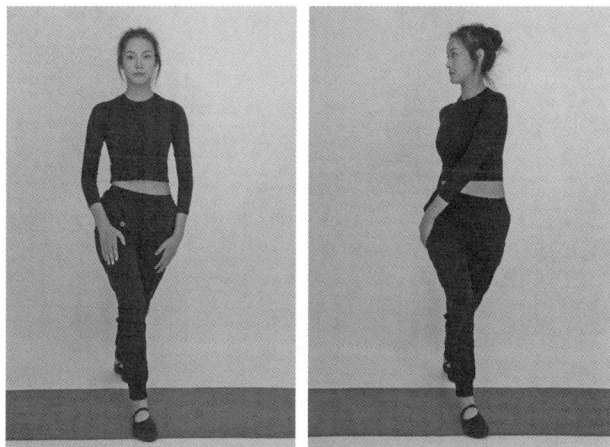

图 8-33

十、右侧髂腰肌拉伸

右侧髂腰肌拉伸是一种针对右侧髂腰肌的拉伸动作，可以缓解肌肉紧张和疲劳。双手放在左侧大腿上，右腿向后撤，整个身体呈弓步。躯干垂直于地面，身体向左侧扭转，保持静止。感受右侧大腿根部的拉伸感，右侧大腿根部和右侧腹部有拉伸感。注意如果拉伸感不强，可以将右侧膝盖跪在地上，身体主动向前倾，这样会增加拉伸感。保持呼吸平稳，不要屏住呼吸，保持该姿势15～30秒，然后放松肌肉。可以重复该动作2～3次（图8-34、图8-35）。

图 8-34

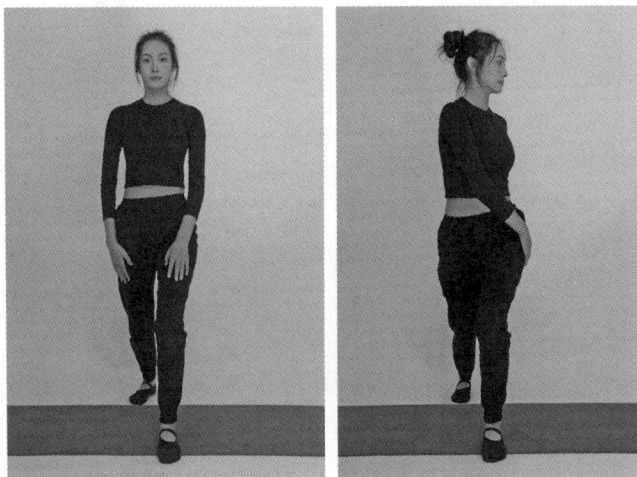

图 8-35

十一、全身舒展

全身舒展是一种可以放松身体、增强身体灵活性的运动。站立或坐下，保持身体挺直。俯低身体，双手交叉放在胸前或头后。起身的同时，双手画一个最大的圆举至头顶。在俯身时呼气，起身时吸气。手臂上举时，整个腹部和胸部会有牵拉感。向下俯身时，背部和大腿后侧会有牵拉感。注意动作不要太快，要顺着深呼吸缓慢完成动作。控制呼吸节奏，使其与动作协调一致。注意保持身体的稳定性，避免晃动或失衡。逐渐增加动作的幅度和难度，但不要超过自己的能力范围（图 8-36、图 8-37）。

图 8-36

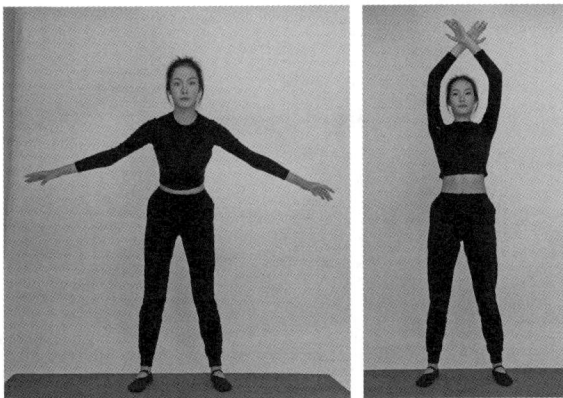

图 8-37

十二、支撑左右收腹跳

支撑左右收腹跳是一个有效锻炼腹肌的训练动作。俯撑在垫子上，双手与肩同宽，双脚并拢，身体呈一条直线。收腹跳跃，将双腿收至腰的一侧，屈膝，同时保持腹部紧绷。跳回原位，再做另一侧的收腹跳跃。动作要轻盈、有弹性，注意控制力度和速度。伸腿时吸气，收腿时呼气，保持呼吸平稳。整个动作过程中，肩部要保持紧绷感，跳动时要感受到腹部明显收缩发力。注意腿部不要在收腿时发力蹬地，要保持放松状态。放松膝盖和脚踝，寻找用腹肌力量拉动双腿的感觉。控制动作幅度和频率，逐渐增加难度和强度（图 8-38、图 8-39）。

图 8-38　　　　　　　　　　　　　　图 8-39

十三、滑雪跳

滑雪跳是一种可以锻炼全身肌肉和提高身体协调性的运动。左右交替单脚跳跃，起跳瞬间摆臂、转身、蹬腿，同时发力。落地后，后脚脚尖可以轻点地以保持平衡，膝盖不能超过脚尖。用臀部力量吸收落地的缓冲，使动作轻盈流畅，带有弹性。起跳时呼气，下蹲时吸气，保持呼吸平稳。起跳的瞬间腹部绷紧，臀部有收缩发力感。避免动作僵硬，可减小跳跃的距离，保证动作协调。根据个人能力和舒适度，逐渐增加跳跃的高度和距离。注意保持身体的稳定性，避免晃动或失衡。如果初次尝试滑雪跳，可以选择较简单的版本，后逐渐增加难度（图 8-40、图 8-41）。

图 8-40 图 8-41

十四、波比跳

波比跳是一种全身性的有氧运动，可以有效锻炼心肺功能和肌肉力量。双脚与肩同宽站立，保持身体挺直。俯身下蹲，双手撑地与肩同宽，双腿向后跳跃伸直。屈肘，身体触地，双手先推起上半身，再将双腿快速向腹部收回。起身跳跃，双手在击掌之后，迅速俯身下蹲。没有站立过程，立即进行下一次跳跃动作。尽力向高处跳，按自己的节奏呼吸。全身发力参与运动，注意身体不要松散。在伸腿时保持腰部挺直，避免塌腰。全程收紧腹部肌肉，加快伸腿和收腿动作的速度。进行几次动作后，心跳和呼吸速度会加快，这时要注意调整呼吸和休息（图 8-42、图 8-43）。

图 8-42

十五、三连蹲

双手交叉相握，腰背挺直，臀部发力。先做深蹲，然后右腿伸向左后方，再次下蹲，还原重复动作，换腿，斜向下蹲时，后侧腿尽可能往侧面的远处伸。每一次下蹲都要保持膝盖不超过脚尖，下蹲时吸气，起身时呼气，感受臀部和大腿内侧的收缩感。注意不要使大腿前侧发力过于明显，下蹲时用脚后跟发力，同时加大臀部后移的距离（图 8-44、图 8-45）。

图 8-43

图 8-44

图 8-45

十六、俯身登山

俯身登山是一种常见的腹肌训练动作，可以有效锻炼腹部肌肉。俯撑在垫子上，双手与肩同宽，手肘微屈，上身放平。双脚并拢，脚尖着地，膝盖微微弯曲。用最快的速度交替提膝，将膝盖往胸部靠近。在提膝过程中，用腹部力量将大腿向前提，使身体保持稳定。肩部全程保持紧绷，不要放松。膝盖和脚踝要保持放松状态，不要过度用力。抬腿时，要感受到腹肌的收缩发力感。注意不要将臀部抬得过高，保持背部平行于地面。控制双腿的动作幅度，避免动作范围过大或过小（图 8-46、图 8-47）。

图 8-46

图 8-47

十七、手触地跳跃

双脚并拢，保持自然站立，双臂垂于体侧。屈膝小跳，在落地的瞬间屈髋下蹲。在下蹲的过程中，双脚的距离略宽于肩，双手轻轻触地。接着，发力跳起，回到起始状态。在进行下蹲时，膝盖需要向外张开，并与脚尖方向保持一致。此外，膝盖张开的幅度不能超过脚尖的位置。在整个动作过程中，腰背始终保持挺直，动作应该轻盈而富有弹性。

起跳时，呼气；下蹲时，吸气。在下蹲的过程中，臀部和大腿前侧会感受到轻微的牵拉感。起跳时，臀腿需要收缩并发力。需要注意的是，不要弯腰摸地，而是保持背部挺直。双手下垂即可，不必勉强摸到地面。通过手触地跳跃的训练，可以有效提升身体的协调性和爆发力（图 8-48、图 8-49）。

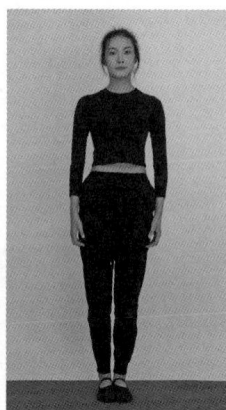

图 8-48　　　　　　　　　　　　　　　　图 8-49

十八、扶椅左大腿前侧拉伸

扶椅左大腿前侧拉伸是一种简单而有效的伸展运动，可以帮助缓解肌肉紧张和改善身体灵活性。首先，找一把稳固的椅子，侧身站在椅子的背部，将右手放在椅子的靠背上，以保持平衡。用左手握住左脚踝，尽力向上提拉。确保上身挺直，同时将脚跟贴近臀部。整个过程中，要收腹并保持均匀呼吸。这样可以帮助训练者更好地控制身体的姿势和呼吸节奏。进行这个动作时，可以感受到左侧大腿前侧有明显的牵拉感。这种感觉是正常的，说明肌肉正在被拉伸。如果在拉伸过程中没有感受到明显的大腿前侧的牵拉感，可以尝试通过收腹和向前挺的方式来增加拉伸效果。同时，左手也要尽力向上提拉，以增加对大腿前侧肌肉的拉伸力度。定期进行扶椅大腿前侧拉伸，可以有效地放松和舒展肌肉，减少肌肉紧张和不适感（图8-50、图8-51）。

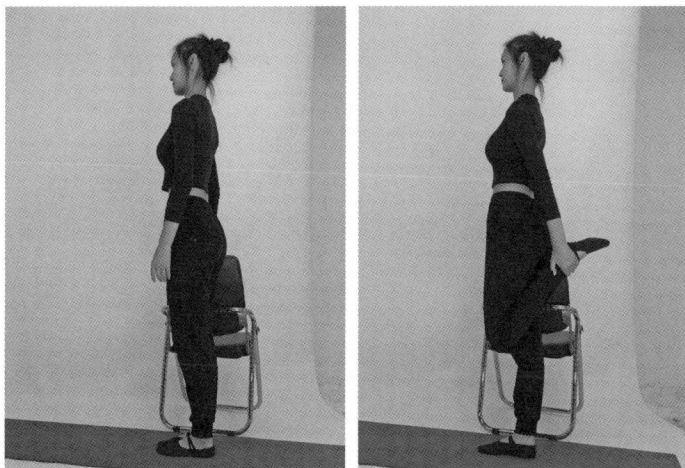

图8-50

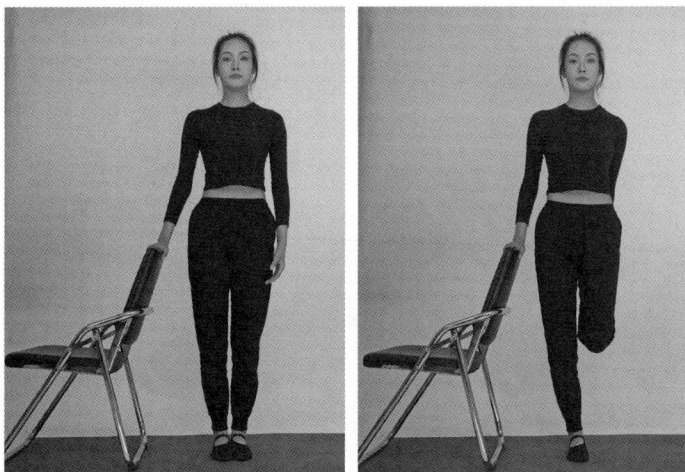

图8-51

十九、扶椅右大腿前侧拉伸

将左手放在椅子的背部，以此保持训练者的平衡。接着，用右手牢牢地握住右脚踝，用最大的力气向上提起。在这个过程中，需要保持上身挺直，让脚跟尽可能地贴近臀部。同时，需要收紧腹部肌肉，更好地保持平衡。在整个过程中，需要保持均匀的呼吸，这样可以帮助训练者更好地控制身体。

右侧大腿前侧能够感觉到明显的牵拉感。这种感觉是由于大腿肌肉在努力工作，如果没有这种牵拉感，需要再次收紧腹部，向前挺起胸部，同时用右手尽力将脚向上提。这样可以帮助大腿肌肉更好地发力，从而产生更强的牵拉感（图8-52、图8-53）。

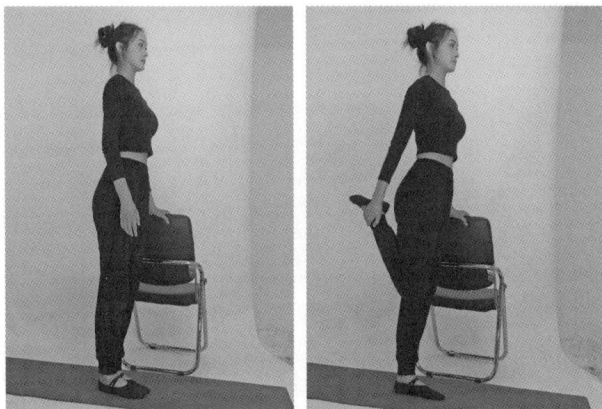

图8-52

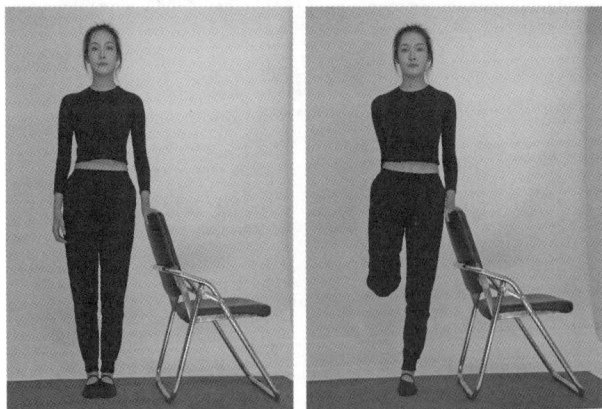

图8-53

参考文献

［1］潘安岚，蒋祖慧.形体及礼仪训练［M］.2版.北京：旅游教育出版社，2015.

［2］陆蓉，刘科.服务人员形象塑造［M］.北京：国防工业出版社，2013.

［3］段黔冰，张和莉，谢清明.大学体育实践与技能［M］.高等教育出版社，2013.

［4］叶蓁，黄学诚，李会明.大学体育与健康教程［M］.北京：中国农业出版社，2013.

［5］黄咏.形体训练［M］.武汉：武汉大学出版社，2013.

［6］高宏，安玉新，王化峰，等.空乘服务概论［M］.北京：旅游教育出版社，2007.

［7］尹菲，武瑞营.形体礼仪［M］.北京：机械工业出版社，2007.

［8］洪涛.空乘人员形体及体能训练［M］.北京：旅游教育出版社，2007.

［9］侯在恩，祁景伟，郭明.物理美容学与健身美容学［M］.北京：科学出版社，2002.

［10］杨斌.形体训练纲论［M］.北京：北京体育大学出版社，2002.

［11］郭可愚.形体美的训练［M］.北京：人民体育出版社，1982.

［12］叶佩，邵宁.校企合作背景下高职空乘专业人才培养模式研究［J］.产业与科技论坛，
　　　2023，22（11）：253-254.

［13］高锋，杨必忠.校企深度合作下空乘专业人才培养模式实践［J］.中国民航飞行学院学
　　　报，2022，33（3）：51-54.

［14］黄力勤.空乘人员形体训练与体能训练分析［J］.体育风尚，2021（5）：51-52.

［15］刘科.空乘形体训练课程建设与研究［J］.艺术科技，2015（5）：234-235.

［16］赵爱莉.空乘人员形体与体能训练教学实践分析［J］.吉林省教育学院学报（下旬），
　　　2015（7）：106-107.

［17］彭有新.空乘专业形体训练课教学内容的探析［J］.内江科技，2012（9）：192，199.

［18］沈诚.空中乘务专业的形体训练研究型教学分析［J］.才智，2013（33）：105.

［19］王焱源.高校形体训练课程对学生身心健康的影响［J］.管理工程师，2010（6）：
　　　70-72.

［20］庞荣.空乘专业形体训练教学方法研究［J］.校园之声（下半月），2010（11）：94-95.

［21］唐丽娟.浅析空乘专业形体训练课程教学存在的主要问题及其对策［J］.中国民航飞行
　　　学院学报，2009（11）：36-37.

［22］汪蓉.形体训练课程内容体系的构建研究［J］.湖北体育科技，2008，27（1）：3-4.

［23］刘正武.形体课对女大学生形体改变效果的实验研究［J］.经济师，2006（9）：146-
　　　147.

［24］郑鸿，徐瑞芳.浅谈形体训练的手段与方法［J］.闽江职业大学学报，2001（4）：

41-42.

［25］刘志红. 形体教学课程体系的建立与研究［J］. 河北体育学院学报，2000（1）：1-4，
10.

［26］蒋玉梅，王健珍. 身体姿势和形体练习文献综述［J］. 西安体育学院学报，2000，17
（1）：31-33.

［27］张海渤. 空乘专业形体训练课程实用性教学研究——以南昌理工学院为个例［D］. 南
昌：江西科技师范大学，2018.